Me débrouiller,
oui, mais pas tout seul !

DU MÊME AUTEUR

Papa, Maman, laissez-moi le temps de rêver
Albin Michel, 1995

Etty Buzyn

Me débrouiller, oui, mais pas tout seul !

Du bon usage de l'autonomie

Albin Michel

Collection « Questions de Parents »
dirigée par Mahaut-Mathilde Nobécourt

22, rue Huyghens, 75014 Paris

www.albin-michel.fr

ISBN : 2-226-13008-X
ISSN : 1275-4390

À Hélène ma mère,
Elie mon mari,
Privés l'un et l'autre prématurément
de leur droit à l'enfance,
et adultes avant l'heure.

Sommaire

Introduction

Un garçon de 11 ans, assis en voiture à côté de son père, se plaint soudain qu'une poussière a pénétré sous sa paupière. Son père lui proposant aussitôt de s'arrêter pour extraire le corps étranger de son œil, il lui répond sur un ton excédé : « Pas question, on dirait que tu me considères encore comme un bébé ! » Ayant interprété ces paroles comme une légitime revendication d'indépendance, le père n'insiste pas et poursuit sa route. Mais le garçon se plaint à nouveau de la gêne qu'il ressent. Son père change alors de registre et, toujours aussi compatissant, suggère à son fils de se servir d'un mouchoir en papier pour se débarrasser lui-même de l'intrus logé sous sa paupière. Exaspéré par ce conseil au demeurant prudent, l'intéressé rétorque avec vivacité : « Je n'y arriverai jamais, tu me prends pour un adulte ! »

Cet exemple prétend illustrer ce à quoi peut s'attendre tout parent normalement constitué, confronté au défi posé par son enfant lui aussi normalement constitué. Avec sa progéniture engagée dans l'incontournable processus de croissance et d'autonomisation, il va régulièrement se retrouver dans ce genre de situation. Compromis sans cesse à renégocier entre l'hyperprotection et l'abandon, l'autonomie est au cœur de l'éducation. Peut-être, dans le cas de ce garçon, le compromis consiste-t-il ce jour-là pour l'adulte à être là, simplement là, pour soutenir cet apprentissage à propos duquel l'enfant s'interroge, sans nécessairement souhaiter une réponse. L'essentiel consiste en effet pour l'enfant à garder l'initiative afin de trouver par lui-même sa propre solution.

Être écouté, voilà ce qui lui importe. Là réside sa revendication. Un des enjeux majeurs de l'éducation se situe dans cette complexité relationnelle entre l'enfant, avec son ambivalence devant les épreuves d'autonomisation qui vont jalonner son parcours, et les parents et les éducateurs, dont le rôle est de l'encourager et qui tâtonnent. Toute la difficulté réside dans cet ajustement mutuel à propos de l'autonomie. Nous verrons combien la notion fondamentale d'une « présence des parents » prête à des dérives, en se déclinant sur le mode de la marguerite que l'on effeuille :

« Être là,
un peu,
beaucoup,
trop,
pas assez...
pas du tout... ! »

Le terme « autonomie » est composé d'*auto* qui veut dire « soi-même », et de *nomos* qui signifie « lois ». Accéder à l'autonomie consisterait alors à « se donner ses propres lois ». Mais bien sûr, des nuances s'imposent, car il n'y a pas de société possible sans l'adhésion de tous ses membres à des lois communes. Et là où peuvent s'engouffrer tous les excès d'interprétation, l'anarchie guette !

De nos jours, l'autonomie est considérée comme une « valeur sûre ». Son acquisition est censée permettre à l'enfant de se réaliser pleinement pour devenir l'« entrepreneur de sa propre vie ». Pour autant, concept en vogue, la notion d'autonomie n'en reste pas moins chargée d'ambiguïté ; elle se situe dans le prolongement de l'idée que l'enfant est d'emblée pris dans un projet de réussite qui passe par la précocité : plus vite il sera autonome, plus ses chances de réussite seront garanties. Ainsi, obnubilés par cet objectif devenu leur priorité, les parents accélèrent le processus d'autonomisation, au détriment du sentiment de sécurité affective indispensable à l'enfant au début de sa vie.

« J'en ai assez d'être autonome ! » s'exclame ainsi de manière inattendue un garçon de 11 ans lors d'une de mes consultations. N'y a-t-il pas une contradiction lorsque l'enfant, loin de se sentir comblé, semble exprimer une sorte de saturation ? Refuserait-il, en quelque sorte, de jouer le jeu de ce qu'il considère comme une duperie, dans cette pseudo-autonomie imposée sans ménagement et de façon arbitraire... ?

Dans ma clinique quotidienne, j'ai été amenée à repérer cette ambiguïté, qui s'exprime en général à des pôles opposés, selon qu'il s'agit des enfants ou de leurs parents : à la nécessité d'une acquisition la plus précoce possible de l'autonomie de leurs enfants dans le discours des parents, s'oppose la plainte des enfants, qui s'apparente trop souvent à un sentiment abandonnique, celui d'être livrés à eux-mêmes. Parents et enfants se retrouvent piégés dans un malentendu qui les oppose et mérite que l'on s'y attarde.

Définir le sens profond attribué à cette notion d'autonomie, fondamentale dans tout développement humain, nous permettrait de déterminer un meilleur ajustement du lien parent-enfant, dans le respect de leurs aspirations respectives. Cela nous invite à nous interroger d'une manière plus large sur les effets de cette tendance récente, générée et encouragée par la société actuelle, sans doute pour une part dans l'intérêt des enfants, mais peut-être davantage dans son propre intérêt. En effet, ne demande-t-on pas en quelque

sorte à l'enfant de compenser l'indisponibilité de temps et de lieu de ses parents par une prise en charge de lui-même et de ses besoins ou, selon son âge, par une délégation à des structures collectives diverses ?
En outre, nous savons que les exigences de la socialisation précoce ne comblent pas forcément les besoins affectifs profonds de l'enfant et ne respectent guère ses rythmes propres, alors que c'est pourtant là que se situent les critères garants d'un développement psycho-affectif harmonieux.

Chaque humain est, dès la naissance, totalement dépendant d'adultes qui assurent ses besoins vitaux, et en particulier de la mère, assumant le rôle de « moi auxiliaire » de son enfant. Mais parallèlement à cette dépendance physiologique et psychologique du début de la vie, chaque enfant aspire spontanément à développer la capacité à ne dépendre que de lui-même.
L'autonomie véritable consiste en une synthèse entre le besoin instinctif chez tout enfant de faire l'expérience de la dépendance sécurisante et la capacité innée de s'en affranchir par la suite à son propre rythme. Mais il lui faut aussi se libérer des projets que les parents imaginent pour lui et du poids de leur histoire familiale, dont tout enfant hérite à sa naissance.
Aider un enfant à devenir autonome suppose une dynamique progressive. Celle-ci consiste à l'accompagner sur le chemin de sa « prise d'autonomie », par opposition à ce « prends-toi en charge » qu'on lui intime comme une « autonomie sur ordonnance » dont la mise en œuvre ne souffrirait pas de délai. Par ce fameux « moi tout seul », il ne s'agit alors plus, pour lui, d'arracher peu à peu sa liberté de manœuvre à la réticence parentale. La situation apparaît ambiguë à l'enfant qui doit se comporter de façon autonome sur l'injonction des adultes.

Ainsi existe-t-il une constante oscillation entre dépendance et autonomie, qui concerne tout autant les parents que les enfants, et que je me propose d'évoquer à travers des observations cliniques qui ont jalonné ma réflexion. C'est entre ces deux positions extrêmes que devrait se faire le choix d'éducateurs respectueux des étapes évolutives de l'enfant et soucieux de son épanouissement dans la maîtrise de sa propre vie. Sous certaines conditions seulement s'instaure entre parents et enfants une dynamique dont l'essentiel pourrait se résumer par cette proposition : « Regarde-moi faire tout seul ! »

L'option éducative d'une autonomie à tous crins demande donc à être remise à sa juste place. Mais cela ne peut se faire sans que les parents s'interrogent sur leur degré d'implication vis-à-vis des attentes de leurs enfants.

Il reste que l'analyse d'une question de cette importance ne peut s'envisager sans la prise en compte du contexte socioculturel qui est le nôtre : le problème de l'indépendance des femmes confrontées à leur désir d'enfant, celui de la pression du monde professionnel en particulier sur les mères, ceux posés par la séparation des couples et, par extension, par les familles monoparentales.

1
La tendance innée à l'autonomie

« La vraie générosité envers l'avenir
consiste à tout donner au présent. »

Albert Camus

Pendant sa gestation, le fœtus est protégé par la sécurité que lui procure le ventre maternel. Il y trouve tout ce dont il a besoin pour se développer à son rythme, le rôle de sa mère se limitant à lui fournir un environnement adapté aux besoins de son développement physiologique, mais aussi de son développement psychologique futur, dans la mesure où le fœtus est sensible à l'état moral de sa mère et, par extension, du couple formé par ses parents. Françoise Dolto suggérait l'idée qu'une mère qui ne donne plus la priorité au bébé qu'elle porte peut bloquer la croissance de celui-ci. Ainsi, de nombreuses observations sur des suivis de grossesse ont permis de démontrer que si la mère est garante de la bonne évolution de son fœtus, elle peut aussi parfois le mettre en danger en prenant des risques excessifs compte tenu de son état, ou en étant détournée de sa préoccupation pour lui par des événements traumatiques extérieurs, à l'origine d'une dépression pour elle.

On sait aujourd'hui que le fœtus est l'initiateur de sa propre naissance, qu'il déclenche au moment où il arrive à terme pour se délivrer du ventre maternel. Première manifestation d'autonomie ! Cependant, du fait de l'hypermédicalisation de la naissance qui impose trop souvent des déclenchements artificiels, on oblige le bébé à naître et à se séparer de sa mère alors qu'il n'y est pas encore prêt. Voilà une première autonomie forcée pas toujours inoffensive pour la mise en place de leur relation.

La suite habituelle de la naissance, c'est l'expérience que le nouveau-né fait de l'unicité avec sa mère. Cet état de symbiose permet en effet au bébé immature de s'appuyer sur sa mère qui est la personne la plus appropriée pour ressentir, interpréter et satisfaire les besoins de son bébé, tout simplement parce qu'elle a d'emblée l'intuition et la capacité de s'identifier à lui. Cette dynamique trouve sa source dans ce que Donald W. Winnicott[1] décrit comme la « préoccupation maternelle primaire », un processus continu qui fait le lien entre l'avant et l'après-naissance.

Si, du fait de son immaturité physiologique, le nouveau-né reste dans une totale dépendance pendant les premiers temps de sa vie, sa tendance innée est d'aller progressivement de la fusion vers l'indépendance, en une dynamique qui s'instaure dès la naissance, et ne se démentira plus, si le temps et l'espace nécessaires lui sont accordés.

L'accession progressive à l'autonomie ne peut cependant se concevoir en dehors d'une présence initiatrice, qui renvoie à la métaphore de la « mère environnement » (puisque dans les premiers temps elle représente pour lui le monde dans sa totalité, y compris le père), et qui constitue l'étayage indispensable pour procurer au bébé un sentiment de sécurité.

1. Winnicott Donald W., *Jeu et Réalité*, Gallimard, 1977.

L'extrême dépendance du nourrisson à la mère environnement lui permet de faire l'expérience primordiale que ce monde, loin de lui être hostile, est un monde dans lequel il peut avoir confiance. Nous savons en effet combien « les soins qu'un bébé peut apprécier satisfont des besoins psychologiques même s'ils paraissent se rapporter uniquement à des besoins physiques ». Cette mère environnement qui lui prodigue les soins et l'amour essentiels à sa survie physique et psychique doit en outre être adaptée à son attente, d'où l'importance de la « sollicitude dans une permanence du lien », les écueils préjudiciables restant les carences affectives et les ruptures à répétition, ou imposées trop tôt (on y reviendra).

De ce fait, pour qu'un enfant accepte de prendre ses distances avec sa mère, il doit au préalable avoir fait une expérience positive avec une mère « suffisamment bonne » pour pouvoir affronter avec optimisme le processus de défusion, et assumer sans angoisse les séparations inévitables de la vie quotidienne. Ce que D. W. Winnicott exprime ainsi : « La mère [...] ne peut pas priver l'enfant de sa présence, à moins qu'elle n'ait d'abord signifié *tout* pour l'enfant.[1] »

Un nouveau-né auquel sa mère s'adapterait difficilement et pour qui elle ne pourrait représenter un « moi auxiliaire » suffisant aurait du mal à acquérir le sentiment de confiance nécessaire pour se risquer plus tard à explorer le monde environnant. À l'inverse, une tendance à la surprotection de la part d'une mère « trop compréhensive » qui empêcherait toute velléité d'indépendance de l'enfant pourrait devenir nocive car elle ne ferait qu'entraver sa dynamique de vie à lui. « Les parents ne font pas confiance à la vie, cette vie qui pourtant, lorsqu'elle était intra-utérine, se déroulait tout

1. *Ibid.*

naturellement, sans intervention de la part de la mère », a écrit Françoise Dolto[1]. Ce principe naturel restera valable durant tout le développement de l'enfant, porté qu'il est par la nécessité d'aller d'une dépendance absolue vers une autonomie assumée du mieux possible. Et cela non sans accepter certains renoncements de la part des parents comme des enfants eux-mêmes. Car, tout comme il y a rupture de la fusion mère-enfant lors de l'accouchement, d'autres séparations seront nécessaires pour permettre à l'enfant d'accéder à un moi autonome.

Benny

Mme R. vient consulter pour son fils, dont le sommeil plus que précaire laisse peu de répit aux parents.
Âgé de 2 ans, Benny se réveille plusieurs fois par nuit depuis sa naissance. C'est le premier enfant de ce couple, et Mme R. le décrit comme très angoissé. Benny est, dit-elle, attaché à elle de façon très fusionnelle et, depuis le début de sa grossesse, Mme R. a arrêté son travail pour pouvoir se consacrer totalement à lui.
Les tentatives d'adaptation à la crèche se sont soldées par des échecs. Échecs dont Mme R. s'attribue spontanément la responsabilité dans la mesure où, nous dit-elle, le fait de déposer son fils dans un milieu étranger et en collectivité est si angoissant pour elle qu'elle ne peut pas se résoudre à s'éloigner de la crèche et résiste peu de temps au désir impulsif de le reprendre.
Pourtant, selon les dires du personnel de la crèche, en dehors de la présence de sa mère, devant laquelle il pleure de façon pathétique, Benny s'adapte plutôt bien.

1. Dolto Françoise, *Les Étapes majeures de l'enfance*, Gallimard, « Folio », 1994.

Mais si Mme R. ne peut se résoudre à confier Benny à sa propre mère, elle le fait plus facilement garder par sa sœur, à laquelle, dit-elle : « Je l'offre » ! Et c'est aussitôt après cette formule pour le moins surprenante qu'elle évoque la naissance de sa sœur lorsqu'elle-même avait 4 ans. À l'âge de 2 semaines, le bébé avait fait une méningite. Il s'en était suivi un an d'angoisse pour les parents. Alors que sa petite sœur était transportée à l'hôpital en urgence, Mme R. s'était retrouvée chez les voisins sans en connaître le motif.
Ce qui la renvoie à un autre incident : en effet, deux mois avant la naissance de sa petite sœur, Mme R. avait été déposée dans sa nouvelle école sans en avoir été prévenue. Elle était restée prostrée dans la cour jusqu'au retour de sa mère.
Lucide, Mme R. s'avoue consciente d'être la cause directe de l'échec du mode de garde qu'elle a pourtant choisi pour son fils : « Je ne peux pas faire autrement, dit-elle, je n'arrive pas à le lâcher, c'est plus fort que moi. » Constat que j'avais fait dès les premiers instants de notre rencontre dans la salle d'attente où m'attendaient Benny et sa mère, agrippés l'un à l'autre, dans la crainte manifeste d'être séparés, et sans qu'il soit possible de déterminer lequel de la mère ou de l'enfant induisait cette dépendance symptomatique.
Rassuré par mon invitation à pénétrer avec sa mère dans mon bureau pendant tout le temps de l'entretien, Benny n'avait pas lâché cette dernière dont il buvait littéralement les paroles, scrutant intensément toutes ses réactions pour s'y adapter par des mimiques très expressives. Benny semblait vivre en miroir de sa mère, ponctuant la scène de « Maman bobo », tout en lui embrassant la main, ce qui ne manquait pas de déclencher chez elle des larmes de reconnaissance pour l'empathie manifestée par son fils à son égard.
Elle décrit avec une intuition étonnante la vigilance de Benny « très, trop gentil » et qui « fait tout pour me plaire,

ne supporte pas ce qui pourrait me contrarier, et vient me consoler en soufflant sur ma main pour éloigner ce qui me fait souffrir ».

« Il a notre bonheur sur les épaules », exprime-t-elle avec une certaine culpabilité. Le bambin, qui ne s'y trompe pas, la gratifie aussitôt d'une caresse de consolation. Encore bien loin d'être symboliquement séparé de sa mère, il va jusqu'à dire « à nous », et jamais « à moi », formule absente de son vocabulaire.

La deuxième séance a lieu le 24 décembre. « Benny, dit sa mère, a bien dormi depuis notre première entrevue. » Elle se souvient inopinément que jusque-là, elle endormait Benny dans ses bras « par besoin ». De quel besoin s'agit-il ? Du sien ou de celui de son fils ? Je l'interprète quant à moi comme un besoin compulsif pour elle de s'identifier à sa propre mère qui, sans doute soucieuse des suites de la méningite, berçait ainsi la petite sœur.

Toujours est-il que je la sensibilise au fait de rester vigilante à ne plus projeter sur Benny les traumatismes de sa petite enfance à elle. J'insiste sur la nécessité de poser des limites entre le passé et le présent et de veiller à différencier Benny et sa propre sœur. Sœur à laquelle elle « offrait son fils » pour soulager sa propre culpabilité à propos de la maladie de celle-ci enfant.

Regard de connivence du petit garçon, accompagné d'un soupir de soulagement qui n'échappe pas à sa maman.

Lors de cette deuxième séance, Benny s'est autorisé à jouer dans un coin et, sur mon invitation, il accepte de rester seul avec moi dans le bureau, tout en repoussant avec autorité dans la salle d'attente sa mère, qui tente de lui résister, mais en vain.

La séance terminée, faisant allusion à cette première séparation réussie qu'ils viennent de vivre dans mon cabinet, elle lancera sur le pas de ma porte, avec une émotion qu'elle

a du mal à contenir : « C'est le plus beau cadeau de Noël que nous ayons jamais reçu Benny et moi ! »
Lorsque nous nous rencontrons un mois plus tard, Benny fait des nuits allant jusqu'à onze heures de sommeil continu.
De fait, lors de cette troisième séance, il refuse d'emblée que sa mère entre avec lui dans le bureau, et lui impose l'épreuve d'être exclue pendant tout le temps que dure la séance.
Il s'installe devant la pâte à modeler et exécute deux formes qu'il désigne comme un bébé chien et sa maman. Il les rapproche puis les sépare en interprétant la scène ainsi : « Le petit chien va à la crèche. »
J'apprendrai par sa mère que Benny lui reparle de la crèche et qu'elle se sent prête à affronter la séparation.
Elle conclut, non sans finesse : « Benny s'est enfin libéré de moi, ou plutôt c'est moi qui accepte de me séparer de lui. »
Sa phrase me semble parfaitement représentative de la problématique d'extrême dépendance mère-enfant révélée par cette situation.
En effet, contrairement aux apparences, et comme souvent dans une relation fusionnelle, c'est la mère qui n'est pas en mesure de se sevrer de son enfant, car il lui est devenu indispensable pour régler les questions restées en suspens depuis sa propre enfance et que la naissance de son bébé réactive. Le bébé se trouve alors piégé dans une dépendance qui n'est pas de son fait mais parasite son parcours d'autonomisation. Il subit l'influence d'un chantage affectif équivalent à l'injonction « ne me quitte pas » que sa mère utilise pour empêcher qu'il ne s'éloigne d'elle.
Mais qu'en est-il du père et de son rôle de tiers séparateur qui doit permettre à l'enfant de prendre conscience qu'il n'est pas tout pour sa mère ? Benny était bien tout pour sa mère. Et pour cause : malgré ses efforts, son père était tenu en échec par l'angoisse maternelle qui empêchait tout

changement, toute évolution de leurs relations. Lors d'une dernière séance, j'aurais l'occasion, sur ma demande, de recevoir Benny et son père, tous deux ravis de m'avoir pour témoin privilégié de leurs retrouvailles.

Cette relation symbiotique qui annulait toute frontière entre Benny et sa mère rendait impossible l'évolution de l'enfant vers une existence séparée. Or, l'accession au moi séparé reste une découverte qui évolue avec le temps, dans un périple qui mène de l'unicité à la séparation.
C'est généralement l'enfant qui amorce le processus de séparation-individuation, avènement de sa naissance psychologique en un moi distinct, tout comme, rappelons-le, il amorce lui-même sa naissance physique.
Le grand tournant se situe simultanément dans plusieurs registres complémentaires du développement :
– Le registre psychomoteur, quand le petit enfant découvre sa capacité à se déplacer en rampant pour des explorations de plus en plus audacieuses, jusqu'à la station debout et l'avènement de la marche. Il s'agit d'un lâcher réciproque, qui provient tout autant du désir énergique de l'enfant que de la volonté bienveillante de ses parents.
– Le registre psycho-affectif où se joue cette expérience déterminante dite « du miroir » : dans les bras d'un adulte, le bébé constate qu'il est, et que soudain il n'est plus, l'image qu'il voit dans le miroir. En même temps que cette découverte, il prend conscience qu'il est différent de sa mère. L'angoisse de séparation trouve son origine dans ce processus de défusion et pose les prémices de la dynamique d'autonomisation.
– L'acquisition de la parole intervient à point pour donner sens à ce que vit l'enfant au moment de cette prise d'indépendance. Le langage fait lien entre ses parents et lui, tout en permettant leur distanciation physique. « En accédant au

sens des mots, l'enfant découvre qu'il n'est plus le nécessaire prolongement du corps de l'autre. [1] » Ensuite, l'aptitude à la négation marque une nouvelle étape importante dans l'affirmation du moi et de la conquête de la personnalité autonome. Avec la maîtrise du « non » apparaît la capacité de jugement et de dialogue. Elle dégage l'enfant de l'emprise parentale, et permet la naissance du « je » qui signe l'affirmation de soi. Le langage va constituer une des sources de son indépendance.

Pour ce faire, et prendre le risque que représente l'expansion du moi vers l'extérieur, l'enfant doit pouvoir compter sur la capacité de sa mère à supporter ce détachement progressif et le fait qu'il puisse se passer d'elle – frustration qu'elle peut ressentir comme une « amputation ». La nouvelle place assignée par l'enfant à sa mère est de rester à l'arrière-plan, vigilante et disponible pour le consoler éventuellement et l'encourager à aller de l'avant en cas d'échec ou en cas d'obstacle. (Ce rôle concerne tout autant le père.)

Mais cela ne se fait pas sans quelque angoisse pour l'enfant, qui manifeste alors son ambivalence en demandant et en refusant en même temps de l'aide. Une demande ambiguë s'il en est, ponctuée par des mouvements de colère dans cette recherche tâtonnante du renoncement progressif à l'entourage sécurisant.

Les premières expériences de séparation

Nous débutons dans la vie par une séparation, celle de notre venue au monde, qui inaugure notre individuation après la fusion de la vie intra-utérine. Intuitivement, la mère protège son nouveau-né du monde environnant, apportant la

1. Vasse Denis, *Le Temps du désir, Essai sur le corps et la parole*, Le Seuil, 1997.

sécurité par sa présence adaptée aux besoins de l'enfant et créant de ce fait le premier attachement d'importance vitale. À ce stade de totale dépendance aux soins et au contact avec la mère, essentielle pour la survie du bébé, une séparation brutale trop précoce et trop longue représente une perte à l'origine d'une souffrance si insupportable que cette empreinte peut le rendre hypersensible aux séparations ultérieures ou, à l'inverse, le porter à s'en défendre par une sorte d'anesthésie affective. Si les très jeunes enfants ont une souplesse qui leur permet de s'adapter aux nécessités de séparations précoces d'avec leur milieu familial, il n'en reste pas moins que les conséquences peuvent être imprévisibles pour leur développement psycho-affectif.

Certains enfants expriment bien des années après une angoisse en lien avec une « blessure première de rupture existentielle brutale », source d'un mal-être qui peut se révéler difficile à surmonter. De nombreux enfants qui présentent des troubles de l'adaptation à la société sont des enfants qui ont vécu très tôt (généralement dans leur première année) des ruptures de maternage à répétition, ou plusieurs changements de garde. Ces « repiquages » successifs dans des cadres différents leur ont fait perdre progressivement, par méfiance légitime, la tendance spontanée à s'attacher.

C'est ainsi que Boris Cyrulnik cite une étude ethnologique comparant une population d'adultes qui dans leur enfance ont été séparés précocement de leur mère, et une population d'adultes non séparés qui ont tous bénéficié de la sécurité fortifiante maternelle. Dans la population « séparés précoces » on trouve dix fois plus de dépressions à l'âge adulte que dans la population des « attachés précoces » ! Ainsi se trouve donc confirmée l'idée que la rupture précoce mère-enfant crée un facteur de vulnérabilité qui s'exprimera peut-être vingt ou trente ans plus tard. « Dans cette optique, écrit Boris Cyrulnik, la dépression n'est pas une tristesse pathologique, c'est une réponse pathologique de l'organisme qui se fracture selon le trait de vulnérabilité mis en place précocement[1] », à savoir les traces laissées par le traumatisme de séparations longues, trop précoces ou répétitives.

Cependant, la dépression n'est pas la seule conséquence directe de la séparation précoce. On observe, par exemple, un autre type de réaction dans le cadre du kibboutz, en Israël. La mise en place de la nurserie en milieu collectif a été une innovation qui permettait aux parents d'être totalement disponibles aux besoins de la collectivité. Mais les pionniers de l'époque avaient surtout dans l'idée qu'en séparant dès la naissance les enfants de leurs parents, et en les socialisant précocement, ils deviendraient indépendants plus tôt et s'autonomiseraient naturellement pour prendre leur relève.

Or il semble qu'ils aient été dépassés par leur expérience. En effet, à l'adolescence, nombre de ces enfants poussent leur goût pour l'indépendance jusqu'à s'installer parfois très loin de leur pays d'origine, et d'une famille qui ne représente plus pour eux un point d'ancrage affectif suffisant, ni une ressource identificatoire assez puissante pour faire contrepoids à cette séparation qui leur a été imposée dès le début de leur vie.

Ne répètent-ils pas ainsi inconsciemment l'éloignement précoce dont ils ont gardé la trace ? S'étant trouvés séparés trop tôt de leur source de vie affective, ils ont en partie verrouillé leurs affects, pour ne plus s'exposer à la désillusion. Peut-être est-ce là une alternative à la dépression évoquée plus haut.

Si j'insiste autant sur les risques liés à la séparation précoce, et plus particulièrement sur les ruptures à répétition, c'est bien parce que ces pratiques représentent le premier effort d'adaptation sociale, et non le moindre, que l'on exige du

1. Cyrulnik Boris, *Sous le signe du lien*, Hachette Littératures, 1989.

très jeune enfant. Mais aussi le premier renoncement, sans aucun doute douloureux sinon traumatique, à son désir inconscient : celui d'être réuni à sa mère.
Ce pourrait être le prototype même de tous les renoncements ultérieurs qu'il lui faudra accepter pour s'adapter à ce que la société, par l'intermédiaire de ses parents, attend de lui. Toute tentative d'autonomisation réactivera alors les traces de souffrance imprimées par la première expérience traumatique. Ces traces ne sont souvent accessibles qu'ultérieurement, à l'âge adulte, par l'expression d'un symptôme invalidant équivalent à une détresse.

Mme D. est une jeune femme qui vient consulter pour une symptomatologie sévère qui infiltre son quotidien de façon imprévisible.
Ainsi se trouve-t-elle saisie inopinément par un sentiment de panique intense qui surgit toujours lorsqu'elle est seule, et plus particulièrement en dehors de chez elle et de son cadre sécurisant. Qu'elle se retrouve en voiture ou dans la rue, elle éprouve le besoin impérieux d'entrer en contact avec quelqu'un, soit en pénétrant dans le commerce le plus proche pour demander un renseignement, soit en se précipitant dans une cabine téléphonique pour appeler son mari ou sa mère, quand elle n'aborde pas le premier venu qui, décontenancé par son apparence hagarde, passe son chemin sans lui répondre.
Mme D. « subit » son existence dans une totale insécurité et une succession d'épreuves qui entretiennent une angoisse permanente liée autant à la crainte d'une crise qu'à l'irruption de la crise elle-même.
La crise inaugurale remonte à sa première confrontation avec la mort, moment où elle apprend le décès de la sœur de sa mère dont elle était très proche.
En rassemblant ses souvenirs, et après avoir fait une enquête auprès de ses parents, Mme D. m'expose que, un mois après

sa naissance, pour entreprendre un voyage de plusieurs semaines, ceux-ci l'ont confiée à cette jeune tante totalement inexpérimentée à l'époque. Le bébé aurait fait une déshydratation nécessitant son hospitalisation en urgence en pédiatrie néonatale – on ne peut plus méconnaître la valeur de symptôme psychosomatique que représente la déshydratation du nouveau-né.

Mme D. semble bien ne pas avoir bénéficié de la stabilité du maternage indispensable au début de la vie, pour permettre au nourrisson de sortir de son « désarroi économique biologique », puisqu'il est incapable au départ d'une véritable autonomie.

Il est clair, dans ce cas, que l'unité mère-enfant n'avait pas eu le temps ni l'espace nécessaire pour se déployer et assurer au bébé un sentiment de sécurité minimal de la part de son environnement. Par ailleurs, aucune parole n'était venue donner un sens à cette absence des parents, qui représentait une carence environnementale ayant pour effet de précipiter le nouveau-né dans une perte brutale de la relation privilégiée instaurée avec sa mère. Cette perte équivaut à un traumatisme psychique pour ce bébé : celui de l'interruption de sa « continuité d'être ».

C'est cette angoisse insurmontable de bébé que Mme D. revivait dans ses crises de panique. Celles-ci étaient les traces perceptibles d'un traumatisme précoce qui avait eu lieu sans avoir pu être intégré à l'époque. Seul le retour à son vécu infantile par le biais de l'analyse pouvait l'aider à le dépasser.

Séparation précoce et autonomie

Elsa est une jeune fille que je suis en thérapie depuis l'âge de 16 ans. Elle est venue me voir pour des difficultés à entrer en relation avec les autres. Cette inhibition a toujours existé,

et aussi loin que remontent ses souvenirs, Elsa se voit seule, isolée des autres, quand ce n'est pas angoissée à la moindre séparation d'avec sa famille.
Il s'avère que ses parents l'ont déposée dans un home d'enfants alors qu'elle avait à peine 1 an. Sa mère enceinte de huit mois, très fatiguée par cette deuxième grossesse, souhaitait se reposer. Elsa s'était donc réveillée sans eux, un matin, dans un endroit inconnu. Ils étaient partis pendant son sommeil, et aucune parole préalable ne l'avait préparée à leur départ. Elsa avait alors réagi à ce brusque changement en refusant toute nourriture pendant une semaine. Au point qu'il avait fallu rappeler ses parents en urgence, inconscients qu'ils étaient à l'époque de l'épreuve qu'ils imposaient à une enfant aussi jeune.
Depuis cet incident, ils se sentaient, disaient-ils, très culpabilisés de leur maladresse, et de la méconnaissance du risque qu'ils avaient fait courir à leur fillette. Celle-ci ne s'était en effet jamais remise du choc causé par cette séparation brutale. Choc amplifié par le fait qu'un petit frère était né aussitôt après, rendant sa mère indisponible et incapable de répondre à son besoin d'une réassurance indispensable pour lui permettre de reprendre confiance dans l'environnement familial.
Pour une enfant de cet âge, encore très dépendante de ses parents, et de sa mère en particulier, une séparation aussi brutale, et sans aménagement, au-delà d'une certaine durée équivaut à une disparition définitive et précipite l'enfant dans un état de total désarroi. Son refus de nourriture était l'expression alarmante de la détresse qu'elle ressentait. Un tel symptôme est un langage.
Il n'est guère étonnant qu'Elsa ait gardé de cet épisode un arrière-goût d'abandon, une blessure qui la rendait réticente à toute relation.

Pour le très jeune enfant, l'angoisse de séparation n'est supportable que pour de brèves absences. Lorsque la privation est trop brusque ou trop longue, elle devient « traumatique ». C'est alors le « désespoir » qui imprime sa marque indélébile, en une blessure affective qui peut déterminer l'évolution de toute une vie.

L'enfant doit être psychiquement prêt à se séparer de sa mère. Ce n'est que vers 3 ans qu'il peut, sans angoisse, ressentir son absence prolongée non comme une perte équivalente à la mort, mais comme une absence temporaire. Il est alors en mesure de se la représenter vivante en son absence, la capacité de l'imaginer prenant le relais de la réalité frustrante.

En cas d'obligation à se séparer précocement de son bébé, il serait souhaitable que la mère prenne conscience de la nécessité impérative de lui signifier verbalement qu'il va être confronté à son absence pendant un temps défini, de lui en parler, tout en ne manquant pas de lui confier un objet personnel qui constitue un lien symbolique rassurant pour les deux partenaires.

Alors, le bébé, devenu « sujet de parole », se trouve être respecté comme tout humain dans sa capacité innée à ressentir des émotions. Il sera, de ce fait, mieux préparé à supporter l'épreuve de la séparation. Cependant, si c'est une condition nécessaire, il ne peut s'agir en aucun cas d'une recette à répétition, d'un effet de mode, la magie de la parole prenant valeur de justificatif pour imposer n'importe quoi à l'enfant sous prétexte qu'il en est informé. Car, ne l'oublions pas, même si elle contribue à atténuer les effets de l'absence, la parole ne protège pas l'enfant de toute souffrance.

L'univers de l'enfant, du moins pendant la toute première année, se limite essentiellement à une proximité avec sa mère ou un substitut maternel permanent. Celle-ci représente une présence protectrice qui fait lien avec le monde extérieur, dont le père est le représentant privilégié. C'est en ce sens que ce dernier aura le pouvoir et le devoir de favoriser ultérieurement la séparation symbolique entre l'enfant et sa mère, son rôle essentiel consistant à s'interposer entre eux pour occuper la place qui lui revient.

Pour revenir à la problématique d'Elsa, Joyce MacDougall[1] évoque l'idée de « désaffection », un « symptôme qui enlève tout sens au monde et à la relation au monde [...] la désaffection ayant pour but de rendre l'individu invulnérable à la souffrance psychique ».

Elsa est, en effet, une jeune adulte « sans aspérités », qui a uniformisé ses affects en les ramenant au seuil le plus économique possible, de façon que rien désormais ne puisse la perturber.

Les sujets ainsi « désaffectés » ont fait précocement l'expérience d'émotions intenses qui menaçaient leur sentiment d'intégrité et d'identité, et il leur a fallu, pour survivre psychiquement, ériger un système très solide pour prévenir un retour de ce vécu traumatique porteur de menaces d'anéantissement. Le traumatisme généré par la séparation brutale a eu pour effet d'interrompre leur « continuité d'être ». Alors qu'elle semble se suffire à elle-même, une telle structure psychique « hermétiquement fermée sur elle-même [...] au service d'une fonction de défense vigoureuse », coupe définitivement le sujet de toute velléité d'autonomie véritable, à savoir celle qui consiste à conserver son moi intact tout en investissant le monde qui l'entoure.

Or, Donald Winnicott insiste sur l'idée que « la crainte

1. MacDougall Joyce, *Le Théâtre du corps*, NRF, Gallimard, 1989.

d'effondrement psychique est la crainte d'un effondrement qui a déjà été éprouvé [1] ».

Dans l'esprit d'Elsa, la confiance dans un monde extérieur, devenu pour elle un monde persécuteur, se trouvait désormais lourdement hypothéquée. Au point de s'interdire à elle-même le risque de revivre une telle souffrance. Mieux valait alors rester dans la maîtrise et renoncer à s'exposer à toute désillusion ultérieure.

John Bowlby évoque « les conséquences tragiques qu'a si souvent la perte affective sur le fonctionnement de la personnalité ». On a encore trop tendance à sous-estimer le désarroi qu'entraîne une perte précoce pendant cette période fragile de la petite enfance et le handicap qu'elle peut générer.

1. Winnicott Donald W., « La Crainte de l'effondrement », *Nouvelle Revue de psychanalyse*, 1975.

2

L'injonction sociale à la séparation

> « On naît bel et bien femme, avec un destin physique programmé différent de celui de l'homme, et toutes les conséquences psychologiques attachées à ces différences. Mais on peut modifier ce destin. »
>
> Évelyne Sullerot

Dans le monde occidental, la pression sociale contribue à induire une culpabilité latente chez une majorité de femmes, qu'il s'agisse de femmes avec ou sans enfants, de mères au foyer ou ayant une activité professionnelle.
On sait que, tout en appelant de ses vœux pieux une reprise de la natalité, la société n'est guère tolérante à l'égard des femmes devenues mères. Les mères qui travaillent se retrouvent facilement pénalisées pour leur très relative indisponibilité, liée aux obligations familiales.
Paradoxalement, une autre pression s'exerce sur celle qui n'a pas d'enfant, facilement accusée d'égocentrisme. Taxée de se comporter en carriériste (en quête de la seule reconnaissance sociale), d'être narcissique (on la perçoit comme uniquement centrée sur elle-même), cette femme ne tarde pas à réaliser qu'elle passe pour suspecte aux yeux de celles

qui ont choisi d'avoir des enfants. Personne ne se pose généralement la question de savoir si sa situation correspond à un choix délibéré, ou à un renoncement qu'il lui a bien fallu accepter, pour cause de stérilité ou toute autre raison liée à son histoire, ou à celle de son compagnon.
Quoi qu'il en soit, le fait de ne pas avoir d'enfants se trouve connoté négativement, et revient à transgresser le code social en vigueur. Seul reste le constat qu'elle n'a pas d'obligations en tant que mère, et que du coup elle se doit d'être totalement disponible aux autres, pour les seconder ou les remplacer. Mise à l'index, elle se retrouve pénalisée d'une façon ou d'une autre. C'est ce dont se plaignent certaines femmes en difficulté de procréation, au point qu'elles avouent parfois ne pas savoir si leur désir d'enfant est un souhait personnel authentique ou s'il est induit par un *must* social. Leur autonomie de femme s'en trouve perturbée et il leur faut beaucoup de persévérance pour prendre la mesure de ce qu'elles veulent vraiment.
Et c'est ainsi que, tant pour les femmes sans enfants que pour celles dont une part d'elles-mêmes se trouve accaparée par leur rôle de mère, la marge est étroite. N'est-il pas paradoxal qu'il leur faille, du fait de leur sexe, et pour protéger leur espace de liberté, convaincre une société qui n'a de cesse de les culpabiliser, quelle que soit leur option en matière de statut familial ? Cette difficulté est fréquemment évoquée par les femmes elles-mêmes, qui sont mises en demeure de légitimer leur « choix de vie », quand choix il y a... ce qui n'est pas nécessairement si simple.
Aussi est-il courant de nos jours pour les psychanalystes de recevoir des femmes de 40 ans et plus, pour lesquelles le problème d'avoir un enfant ou d'y renoncer n'est toujours pas résolu. Cette question se fait cruciale à propos de ce qui, autour de la quarantaine, s'apparente parfois davantage à une « envie d'enfant », plutôt qu'à un « désir d'enfant »,

expression en vogue dans notre société. En effet, le désir ne peut se réduire à cette décision : « avoir ou ne pas avoir un enfant », formule qui induit une idée fausse de possession, tout aussi erronée d'ailleurs que celle de « faire un enfant » comme on fait un gâteau. Un enfant-objet censé venir en temps et en heure a quelque chose de l'accessoire indispensable. Il met la touche finale à la réussite.

Tendance absolue

Scène n° 1 : « Absolue tendance » titre un hebdomadaire féminin, au-dessus d'une photographie où un mannequin à l'allure de femme fatale pose en compagnie d'une fillette d'environ 10 ans, en chemise de nuit. Dans un geste que l'on perçoit comme déterminé, elle agrippe le bras de cette femme qui, le regard lointain, se détourne de l'enfant et semble prête à partir. La fillette agit-elle ainsi pour retenir cette femme, que l'on peut imaginer comme étant sa mère ?
Scène n° 2 : à la page suivante, « Accessoires », la même femme au regard toujours vague et comme prise dans ses fantasmes de départ est prête à empoigner son sac de week-end rutilant, pour s'élancer vers un ailleurs fascinant. Cette fois, la fillette sombrement vêtue interroge la femme d'un regard anxieux, tout en la retenant par la bride de fermeture éclair de son blouson, comme pour la supplier : « Pourquoi ne veux-tu pas m'emmener avec toi ? » De quel accessoire est-il question ici ?
Scène n° 3 : sur une dernière photographie sans titre, la petite fille est à nouveau en chemise de nuit, les mains posées par terre de part et d'autre d'un verre brisé, assise sur le sol entre les jambes de la femme. De cette dernière on ne voit plus que les pieds chaussés de sandales sexy... symboles de ses intentions ?

Cette fois, la fillette, le visage résigné, semble avoir pris conscience du départ irrémédiable de la femme, comme si elle renonçait à la convaincre de rester ou de l'emmener avec elle. Dans cette mise en scène, le verre au pied brisé ne serait-il pas le symbole de quelque chose de cassé en elle, ou entre elle et sa mère ?

Ces trois images illustrent de façon caricaturale ce que vivraient des enfants contraints à faire avec la « tendance actuelle » qui les réduirait à n'être plus que des « accessoires » face à l'apparente indifférence de femmes narcissiques, prêtes à vivre leur indépendance sans tenir compte de la demande insistante et légitime de l'enfant. Tout cela pour répondre à quelle nécessité impérative ?
De cette confrontation entre la femme et l'enfant subsiste une impression d'absence là où manque le troisième terme : l'homme. Et même si ces images sont extraites d'un magazine ciblé sur les femmes, aucune référence n'est faite à une quelconque présence paternelle. De ce fait, cet homme ne se trouverait en rien concerné par ce qui se joue là d'essentiel. D'où l'idée d'une supercherie, dans la mesure où revient à la femme seule la responsabilité d'assumer la relation avec l'enfant.
Comment comprendre autrement le message implicite, et loin d'être anodin, véhiculé par de telles images, si ce n'est de conditionner les femmes à faire abstraction de toutes les contingences (y compris les hommes) qui les empêcheraient de vivre leur vie de femme indépendante ? Si la petite fille au regard grave est propre et bien mise, et a sans conteste tout ce qu'il faut sur le plan matériel, elle semble revendiquer l'attention plutôt « flottante » de celle que l'on peut supposer être sa mère. Quant au père... *exit* !
Ce qui se révèle inquiétant ici, c'est que sous couvert d'avant-gardisme, cette médiatisation « très tendance »

transmet un message pervers, porteur d'un nouvel archétype « branché » : ne pas prendre le risque de s'aliéner aux enfants. Voilà les femmes prévenues ! Avec pour corollaire : aux enfants de s'en arranger !
Ainsi, ce qui s'impose et rend perplexe, c'est l'impression qui émane de ces photos : l'enfant représente un accessoire qui, s'il met la femme en valeur, reste néanmoins bien encombrant ! Au point de susciter le désir de s'arracher, sans états d'âme, à un lien affectif qui risque d'entraver l'autonomie des femmes qui s'exposeraient aux attraits de la maternité.

Quelle place pour le désir d'enfant ?

Une femme de 47 ans, prise de panique à l'approche de la ménopause, se demande soudain s'il n'est pas grand-temps de se mettre en quête d'un père potentiel, pour faire cet enfant que son compagnon actuel lui refuse. Enfant qu'en outre, elle n'est pas certaine de vouloir vraiment...
Et combien de femmes enceintes proches de cet âge n'ai-je pas reçues en urgence pour les aider à résoudre la question « Je le garde ou pas ? », avec l'idée sous-jacente qu'il leur restait bien encore deux ou trois ans pour se décider, avant que la physiologie ne les rattrape et ne les confronte au renoncement. Aussi repoussent-elles souvent l'échéance en pariant la toute-puissance scientifique pour rattraper le temps perdu !
Donner la vie a quelque chose d'une d'aliénation. C'est, qu'on le veuille ou non, un renoncement à l'ambition professionnelle, seule supposée épanouir valablement une femme moderne, et lui apporter le sentiment d'intense liberté corollaire de son indépendance.
Le désir d'enfant peut mener à d'autres dérives, comme le montre l'exemple de cette femme enceinte de quatre mois,

qui vient demander de l'aide à propos de cette grossesse. Elle a un premier enfant âgé de 4 ans. Depuis qu'elle a senti son bébé bouger, sa naissance l'angoisse en permanence : « Comment vais-je lui annoncer un jour que j'avais le projet de me séparer de son père bien avant sa conception ? C'est la crainte de n'avoir pas d'autre enfant dans l'avenir qui m'a décidée à en avoir un autre avant notre séparation. Son père m'en veut beaucoup de l'avoir conçu à son insu, et surtout dans la perspective de notre divorce. Il va même jusqu'à prétendre qu'il n'a pas la certitude que cet enfant soit de lui. Peut-être ne voudra-t-il pas l'accepter... Je me sens coupable de ne pas avoir tenu compte de ce que je vais imposer avec un certain égoïsme à cet enfant, même si je me sens tout à fait apte à élever mes enfants seule, puisque ma situation professionnelle me garantit une aisance financière suffisante. »
Ce cas illustre bien à quels excès peut mener une revendication d'indépendance qui s'apparente à un égocentrisme exacerbé. On a trop souvent tendance à confondre individualisme forcené et liberté, désir bien légitime, conciliable avec le respect de l'autre, de l'enfant en particulier. Serait-ce la conséquence logique du désir d'indépendance respectif des hommes et des femmes ? Est-ce là le résultat d'un droit qu'ils ont acquis ? Et qu'en est-il de l'enfant ?
Ces questions nous amènent à nous interroger sur le statut dévolu à l'enfant qui, contrairement au discours ambiant qui enseigne de traiter le bébé comme une personne, est davantage considéré comme un objet plutôt que comme un sujet à part entière.

Le problème avec l'enfant, c'est qu'il est dépendant

À ne pouvoir lâcher du lest sur aucun plan, les femmes perdent sur tous les tableaux. Nombre d'entre elles, conscientes

de ces contradictions, souhaiteraient privilégier sans culpabilité leur choix de maternité, en se sentant autorisées à faire une pause professionnelle. Mais la compétition, le mythe illusoire d'égalité entre hommes et femmes, et le fait que ce choix, hélas, ne puisse se faire qu'au prix d'une pénalisation, ou d'une mise hors circuit du marché du travail, leur interdisent de s'exprimer librement. Elles éludent la question, la diffèrent, et se font parfois violence pour donner l'impression qu'elles sont détachées de cette préoccupation afin de ne pas se voir soupçonnées d'être démotivées par rapport à leur travail. Or, il est loin d'être prouvé qu'élever des enfants empêche une femme de travailler, même s'il faut bien convenir que faire carrière peut se révéler suffisamment problématique pour que certaines choisissent d'y renoncer.
Qu'un trou dans un curriculum vitæ ait permis de faire correctement démarrer un nouveau-né dans la vie, ou d'accompagner un petit dans son année de CP, devrait tout de même être considéré comme légitime. Les directeurs des relations humaines sont souvent des pères ou mères de famille, et ces « trous de CV » chez leurs interlocuteurs suscitent parfois, et plus couramment chez les femmes, le regret de n'avoir pas pu ou su en faire autant. N'est-il pas étrange qu'il y ait si peu de reconnaissance sociale officielle de ce besoin primordial, alors que l'on rencontre très souvent une compréhension individuelle à cet égard ?
Après avoir passé quelques années au foyer, une de mes patientes qui avait eu des enfants très jeune utilisait comme argument en faveur de sa disponibilité lors de nouveaux entretiens d'embauche l'idée que ces derniers étaient désormais sortis du cortège des maladies infantiles. Faut-il donc en arriver à les faire grandir au plus vite pour être « professionnellement correcte » ? À trop se mesurer à l'aune masculine selon la religion économique d'aujourd'hui, les femmes perdent de vue que les hommes, eux, n'ont pas à

compter avec leur horloge biologique. N'y aurait-il pas là une sorte de distorsion de leur image d'elles-mêmes ? Des femmes qui privilégient leur vie professionnelle et se considèrent comme des clones de l'homme finissent par nier la différence fondamentale des sexes et leur responsabilité, celle de transmettre la vie dans un temps qui leur est compté.

Les hommes souhaitent conserver leur place dans cette aventure unique que représente la procréation. De là à reconnaître et à respecter la spécificité des femmes à porter *leurs* enfants, et à les laisser faire leur choix sans jugement de valeur ni pénalisation, il y a un pas que peu sont prêts à faire concrètement. La majorité des femmes souhaiterait pouvoir compter sur leur soutien indéfectible. Accepteraient-ils, ces hommes, de porter jour et nuit une charge de dix à vingt kilos et parfois davantage, pendant plusieurs mois d'affilée, sans jamais pouvoir la poser quelque part, ni en déléguer la responsabilité à quiconque ? Et même si l'amour justifie l'engagement total que représente la grossesse pour une femme, comment évaluer les efforts harassants que représente pour elle, par exemple, le fait de porter et de mettre au monde trois enfants ? Cette évocation peut faire sourire, mais elle indique plutôt une volonté de faire reconnaître par notre société productiviste ce qui s'apparente à un vrai « travail de force », là où même un déménageur ne supporte des charges que huit heures par jour !

La tendance actuelle des femmes enceintes à exposer avec ostentation leur ventre tout en rondeur serait-elle une manière d'exprimer leur attente légitime d'être reconnues et valorisées, dans leur rôle de procréation ? Certes, les femmes conservent le pouvoir incomparable de transmettre la vie, avec en prime un résultat gratifiant, un plaisir largement partagé avec le père ! Mais « produire un bébé » aurait-il

moins de valeur que produire des marchandises et des bénéfices ? Pour qui produit-on si ce n'est pour des individus venus ou à venir ?
Ainsi cette jeune cadre qui, n'ayant pas profité de son congé de maternité, mais que des contractions précoces forçaient à s'arrêter une semaine avant la date prévue de son accouchement, s'entend-elle dire sur un ton pour le moins provocateur par un collègue de travail attentionné : « Alors c'est d'accord, on t'attend dans un mois ! » Un mois pour donner naissance à un enfant et le lancer dans la vie, est-ce là une appréciation raisonnable de la valeur humaine ?
Quant aux mères qui décident de renoncer à leur vie professionnelle pour assumer les responsabilités d'une mère au foyer, leur choix dépend bien évidemment de l'intérêt ou de la nécessité financière que représentait pour elles la profession qu'elles laissent. Certaines ressentent en effet leur nouveau statut, même temporaire, comme si dévalorisant qu'elles osent à peine l'assumer face à celles et ceux qui travaillent. De sorte que, malgré leur besoin légitime de contacts et d'échanges, elles se vivent parfois comme peu crédibles et s'isolent pour se consacrer exclusivement à leurs enfants. D'où, chez certaines, un vif sentiment de frustration. Nombre d'entre elles trouvent cependant un réel bénéfice à cette nouvelle disponibilité et, pour ne pas tomber dans un isolement social, s'impliquent dans la vie associative ou un bénévolat parfois contesté, mais souvent bienvenu dans les faits.
Car ce qui sous-tend cette difficulté des femmes à se déterminer par rapport à la maternité et à la pression sociale c'est, en quelque sorte, une injonction paradoxale : « À la rigueur, ayez des enfants, mais surtout veillez à ce qu'ils ne gênent pas trop votre implication professionnelle. » En bref : l'indépendance économique des femmes rime-t-elle avec liberté ?

Quant aux enfants eux-mêmes, ne se trouvent-ils pas confrontés à un constat équivalent : ne pas gêner la société qui les accueille avec une certaine ambivalence. D'où la nécessité de se conformer à cette attente en devenant au plus vite autonomes pour ne pas peser d'un poids supplémentaire sur leurs parents déjà passablement surchargés.

La maternité et la reprise du travail

Ainsi donc, les femmes ont bien retenu la leçon : c'est entendu, depuis leur accession à la maîtrise de la grossesse, elles doivent assumer leur désir d'enfant, en supporter la responsabilité, sans qu'il leur soit permis de se plaindre, et intégrer à leur vie professionnelle cette fonction qui leur est propre : donner la vie.
Au retour de la maternité, quelques jours seulement après leur accouchement, beaucoup de jeunes mamans se retrouvent seules face à leur bébé, et affrontent une grande solitude à un moment d'intense fragilité. Elles ressentent souvent le manque d'un minimum de soutien et d'empathie : l'entourage familial qui, aux générations précédentes, accueillait la mère et son bébé, n'a plus sa place dans notre société aux familles souvent dispersées, sinon éclatées.
Pour les jeunes mères, la reprise du travail, alors que leur bébé atteint à peine l'âge de 3 mois, parfois même 2 mois et demi, est souvent la cause sinon d'un épisode dépressif, du moins d'un fort sentiment d'angoisse. À peine viennent-elles de découvrir leur enfant après l'avoir imaginé pendant neuf mois qu'il leur faut renoncer, à leur corps défendant, à cette rencontre imprégnée d'affectivité et déterminante pour la capacité du bébé à prendre confiance en son environnement.

Cette relation naissante exige pourtant un certain temps pour se mettre en place. Loin de disposer de ce temps précieux entre tous pour consolider cette adaptation mutuelle, les deux partenaires sont au contraire confrontés à la nécessité d'avoir à y renoncer très tôt, beaucoup trop tôt pour avoir eu le temps de se connaître et de s'ajuster l'un à l'autre. Même si le père est présent, cette étape peut parfois être vécue comme une véritable déchirure dans ce tissage d'un lien encore bien fragile.

Les lieux d'accueil réservés aux enfants, s'ils représentent une facilité indéniable pour les mères et les pères qui travaillent, contribuent en partie à les disqualifier et à les déposséder de leur rôle. Ce que les femmes en particulier ressentent comme une frustration douloureuse. En effet, leur bébé à peine né, elles se retrouvent confrontées à une situation empreinte d'ambivalence : il leur faut impérativement trouver un mode de garde qui leur permette la reprise d'une activité professionnelle, alors qu'elles ne se sentent pas forcément prêtes à accepter d'éloigner d'elles leur bébé.

Depuis quelque temps, les crèches sont autorisées à accueillir les bébés dès l'âge de 2 mois et demi, sous réserve que la naissance et l'âge du bébé à son entrée à la crèche correspondent au calendrier institutionnel assez rigidement calqué sur l'année scolaire ; ce qui n'est pas toujours le cas. On avance comme argument les bienfaits de la socialisation précoce, mais c'est au détriment de la relation primordiale du bébé à sa mère, à son père et à son milieu. Je dirais de cette socialisation qu'elle a quelque chose de l'ordre d'une frustration organisée ou institutionnalisée des deux partenaires : la mère et son bébé (ou le père et son bébé).

Car abaisser l'âge de l'entrée à la crèche de 3 mois à 2 mois et demi, c'est priver le bébé d'un temps précieux de présence maternelle. Présence maternelle déjà passablement amputée sur le plan de la rencontre et d'un ajustement réciproque précieux. Un temps irremplaçable dont on le dépossède davantage encore !

Par ailleurs, une étude récente, conduite sur dix ans dans dix grandes villes américaines, démontre que plus les tout-petits passent de temps en dehors de la maison, quels que soient les modes de garde, plus ils deviennent agressifs[1]. C'est ainsi que 17 % des enfants qui passent plus de trente heures par semaine dans une structure collective se révèlent agressifs autour de l'âge de 4 ans. Le constat est unanimement admis par les éducateurs comme par les parents. En revanche, seulement 6 % des enfants qui passent moins de dix heures en crèche ont ce comportement. Le degré d'agressivité ne dépend pas du statut social et concerne les enfants toutes origines confondues.

Pour décrire le type de comportement courant de ces enfants : « Ils participent à toutes les bagarres, ils sont cruels, ils ont une conduite explosive, ils parlent sans arrêt, ne cessent pas de discuter les consignes et réclament énormément d'attention. »

Ce qui est significatif, c'est le rapport constant entre le temps passé sous la surveillance des éducateurs et l'accroissement de l'agressivité. D'où les conclusions sociologiques que tire le docteur Belsky de ce constat : « S'il se confirme que le temps passé dans les institutions réservées aux tout-petits nuit à leur équilibre, il est clair que les familles doivent consacrer plus de temps à leurs enfants et que l'un des deux parents doit envisager de travailler à temps partiel. »

Ces résultats alarmants devraient nous amener à imaginer des solutions et des aménagements susceptibles d'offrir à l'enfant des conditions optimales de développement psycho-affectif. Ainsi pourrions-nous envisager pour les enfants en bas âge une plus grande souplesse dans la durée

1. *Le Quotidien du médecin*, 24 avril 2001.

de présence en collectivité, alors que l'idée même d'une présence en crèche à la demi-journée reste officiellement inconcevable. Dans le même ordre d'idée, le temps de travail ne pourrait-il être aménagé pour les parents au mieux des intérêts de leurs très jeunes enfants, et par extension de leur famille ?

Cette tendance à la socialisation qui instaure et officialise la séparation précoce des enfants d'avec leur milieu est la résultante d'une dictature économique qui, sous couvert de la nécessité du travail, et de celui des mères en particulier, en tire un double bénéfice :

– Libérer les parents, et en priorité la mère, d'une charge qui la rendrait indisponible à son poste ;

– Prendre en charge l'éducation des enfants aussi tôt que possible pour en faire des individus adaptés et conformes aux objectifs de la société, dans ce qui s'apparente à une sorte de conditionnement. Ce qui s'oppose à l'indispensable nécessité physiologique d'une continuité de la relation de la mère à son nourrisson.

Il y a un demi-siècle déjà, Donald Winnicott écrivait[1] : « Si cette continuité de la relation de la mère à son bébé se rompt, quelque chose est perdu qu'il n'est pas possible de retrouver. Cela montre un manque incroyable de compréhension du rôle de la mère que d'éloigner d'elle son bébé. »

Encore plus contestable est, me semble-t-il, de ne pas laisser vraiment à la mère d'alternative à la séparation précoce d'avec son bébé. Qui n'a pas rencontré de mère confrontée à un sentiment de culpabilité, ou faisant part de sa réticence voire de sa détresse devant l'obligation de confier son bébé à une structure de garde ou à une autre personne ? Mais c'est un sentiment tellement « incorrect » aujourd'hui qu'une femme ose à peine exprimer son désir de rester

1. Winnicott Donald W., *L'Enfant et le monde extérieur*, Payot, 1947.

auprès de son enfant. Combien de générations d'enfants faudra-t-il sacrifier pour redonner sa priorité au couple mère-enfant, et au temps nécessaire à son épanouissement ?
L'exemple de l'allaitement est à cet égard instructif. L'allaitement artificiel cautionné par d'éminents spécialistes a pris le relais de l'allaitement au sein pendant plusieurs décennies dans la société occidentale, jusqu'à un retour récent au lait maternel, reconnu comme « irremplaçable » à tous égards. Plusieurs générations de mères et d'enfants en auront fait les frais !
Le message latent de notre société consiste ainsi à convaincre les familles qu'elle peut pallier la défaillance familiale et que si l'on souhaite un enfant parfait, à savoir parfaitement conforme à un modèle social imposé, il suffit d'adhérer à ses objectifs. Moyennant quoi, les familles sont mises en situation de reprendre à leur compte les arguments en faveur de ce processus de séparation précoce, dont souvent la nécessité ne leur apparaît pas pour autant flagrante :
– Bénéfices tirés par l'enfant d'une mise en contact précoce avec les autres en collectivité ;
– Bénéfices liés aux apprentissages précoces : le bébé performant est le nouveau mythe de notre époque, qui s'exprime spontanément dans la question inquiète des parents s'informant du programme d'activités de leur bébé de 3 mois, voire de 2 mois et demi à son entrée à la crèche !
Quant aux bénéfices économiques de carrière, c'est un autre problème qui pourrait peut-être se résoudre autrement. Les femmes ont revendiqué et obtenu le droit à une indépendance matérielle. Mais ce progrès incontestable et encore assez récent de leur condition n'a pas été sans entraîner quelques dérives. Dérive des revendications féministes qui, dans un souci d'égalité homme/femme, ont précipité ces dernières dans une impasse : celle de devoir tout assumer. Non sans répercussions sur la place des hommes dans

la nouvelle configuration familiale. En empruntant au modèle masculin, les femmes ont en quelque sorte dépossédé les hommes de leur rôle spécifique dans la famille. D'où la popularité du mot d'ordre actuel : « Laissez la place au père. » Il est grand temps !
De fait, nous en sommes arrivés à ce paradoxe : s'il est de bon ton de respecter les différences de tous ordres, handicap, homosexualité, origine ethnique et culturelle, seule la différence des rôles sexuels n'a plus cours ; la complémentarité biologique homme/femme est désormais considérée comme obsolète, voire rétrograde. Elle est pourtant primordiale car elle fonde l'humanité.
Les femmes ont accès à une expérience unique : elles portent des enfants qui les « traversent » et laissent dans leur corps une trace indélébile, et j'aime à penser qu'après avoir passé neuf mois dans leur ventre, et être passé par leurs bras, l'enfant s'installe à vie dans leur tête ! Car même si une mère n'est pas sûre d'elle d'emblée, au point de supposer que les professionnels de la petite enfance sont plus compétents qu'elle, elle garde la conviction profonde d'être la plus concernée. Toutes les mères le confirmeront : lorsqu'un enfant ne va pas bien, à la crèche, chez l'assistante maternelle ou ailleurs, c'est toujours elles qui sont prévenues en priorité. Comme un rôle spécifique qui leur serait dévolu, elles quittent leur travail pour aller chercher l'enfant ou l'amener chez le médecin. Et cela à juste titre selon D. W. Winnicott, pour qui « la mère est une spécialiste »... et a « l'aptitude à mieux comprendre son enfant que quelqu'un d'autre ». De sorte que les pères se trouvent implicitement encouragés à poursuivre leur activité professionnelle, l'esprit libre, et sans qu'il leur en soit tenu rigueur. Ce qui pour autant ne leur interdit heureusement pas de s'impliquer d'une manière qui leur est propre, et bon nombre ne s'en privent pas.

Une femme qui avait pris la décision de se séparer de son mari dressait ce constat : « On conseille aux mères de laisser la place au père, mais s'il n'occupe pas cette place et que la femme se trouve obligée d'assumer la charge des enfants, on lui reproche de vouloir tout gérer et d'écarter le père... C'est insoluble ! »

Aussi, les pères qui ne font pas l'effort de participer aux contingences familiales, sinon de les partager équitablement (serait-ce du registre de l'utopie ?), découvrent paradoxalement leur capacité à s'impliquer davantage auprès de leurs enfants à la suite d'une rupture ou d'un divorce.

Combien de mères ai-je entendu constater pleines de regrets : « Il s'en occupe enfin ! » Comme si le divorce avait transformé cet homme indifférent à la charge qu'elles endossaient (parfois trois ou quatre temps complets simultanés) en homme sinon idéal, du moins acceptable, celui qu'il aurait dû être pendant leur vie commune, lorsque la famille était encore unie.

Si les femmes prennent l'initiative de divorcer, elles avouent souvent que c'est parce qu'elles ne supportent plus de devoir assumer seules, en plus de leur activité professionnelle équivalente à celle des hommes, la responsabilité des enfants et du foyer conjugal. Et de surcroît au détriment d'une vie de couple de plus en plus réduite. Quitte à faire seule, autant l'être vraiment, et se décharger du poids que peut représenter un homme qui néglige délibérément de se rendre disponible pour sa famille.

Une autre patiente constatait amèrement que depuis son divorce, lorsque les enfants étaient chez leur père, elle avait enfin retrouvé du temps pour elle...

Selon des sondages récents, les hommes ne participent que douze minutes de plus par jour qu'il y a trente ans aux nécessités de la vie familiale ! Ne pourraient-ils mettre à profit le temps libre récupéré par le passage aux trente-cinq heures, lorsqu'ils en bénéficient, pour prendre à leur compte une partie des responsabilités qui reviennent aux femmes ? Imaginez : quatre heures hebdomadaires de temps de présence paternelle supplémentaire consacrée à la famille, quatre heures pour soulager la charge qui pèse sur les mères. Quelle manne ! Mais les sondages montrent également que les femmes utilisent ces quatre heures supplémentaires pour assurer plus aisément les tâches du foyer !

Le sentiment de frustration des femmes a changé de registre. Même si elles « se réalisent » dans un monde du travail où leur implication est non seulement reconnue mais encouragée, elles prennent de plus en plus conscience de la nécessité d'un réaménagement qui tienne compte de leurs multiples fonctions. Et si elles ont accédé à une indépendance professionnelle et matérielle, c'est indéniablement par rapport au modèle masculin, mais sans tous les privilèges que confère ce statut. Car le fait de déléguer en partie les responsabilités matérielles aux hommes de bonne volonté ne les a pas pour autant dispensées d'assumer la presque totalité des tâches ménagères et des soins aux enfants. Aussi dénoncent-elles de plus en plus fort ce partage inéquitable, tant il est vrai que leur « autonomie » se décline sur un mode souvent dérisoire.

Pour autant, le fait que le père prenne sa part des responsabilités ne suffit pas à résoudre le dilemme dans lequel sont prises les mères.

Ainsi cet appel d'une jeune femme à propos de son fils âgé de 5 ans, qui depuis peu ne contrôle plus ses sphincters et se souille alors qu'il avait acquis la maîtrise de la propreté à l'âge de 2 ans et demi. Sur un ton où perce une grande inquiétude, elle me demande si elle doit venir accompagnée de l'enfant pour notre première entrevue. Je réponds qu'elle est seule juge pour apprécier si le petit garçon peut tout

entendre de ce qu'elle souhaite évoquer. D'abord indécise, elle ne peut contenir plus longtemps l'émotion qui envahit sa voix et qu'elle tente d'expliciter aussitôt : « Je crois que je ne m'occupe pas assez de lui. Je me suis séparée de son père lorsqu'il avait 2 ans. Lui est musicien, s'absente souvent, mais dispose néanmoins d'un temps plus important que le mien pour s'en occuper. Quant à moi, mes responsabilités professionnelles m'imposent un rythme de travail éprouvant. Non seulement je voyage beaucoup, parfois très loin et longtemps, mais lorsque ce n'est pas le cas, je rentre si tard que je ne le vois pas davantage. Je me culpabilise sans répit, d'autant que si son père le voit irrégulièrement, il le fait plus facilement que moi. Je sens que mon fils m'en veut et me rejette au profit de son père qu'il sent plus disponible, même si c'est moi qui assure le quotidien. Lorsque je le sais avec son père, je me sens à la fois rassurée et exclue. Or cela dure depuis sa naissance, et je n'entrevois pas de solution. Je me demande si le problème actuel de mon fils ne découle pas de cette situation que je vis de plus en plus mal. »
À ce stade de son monologue, la jeune femme paraît si éprouvée qu'elle ne peut se retenir de pleurer. Consciente de la priorité qu'il y a à la soutenir, je lui suggère alors qu'elle vienne seule à notre premier rendez-vous comme elle le sous-entendait au début de son appel. Nous aviserons ensuite pour ce qui concerne son petit garçon.

Sans aller plus loin dans l'évocation de ce simple contact téléphonique, celui-ci m'est apparu, dans sa concision, représentatif du désarroi de beaucoup de jeunes mères prises dans un conflit insoluble : prodigieuses équilibristes écartelées entre leurs obligations professionnelles qui concrétisent leur désir d'indépendance, et leur implication familiale garante de leur équilibre affectif et de celui de leurs proches. Ainsi se retrouvent-elles culpabilisées face à une réalité complexe qui ébranle leurs convictions, à savoir leur capacité à relever le défi. Ces femmes dont on attend qu'elles soient tout et partout à la fois tentent désespérément d'échapper à une éprouvante impression de morcellement. Comme pour mon interlocutrice, s'impose alors un dilemme crucial : « Suis-je prête à tout sacrifier pour ma carrière professionnelle ? »

Même dans ce cas, où le père prenait sa part de responsabilité éducative – fait qui mérite d'être souligné –, cette jeune femme se sentait légitimement remise en question dans son rôle de mère d'un petit garçon, lui-même frustré de sa présence. Car les femmes ne sont pas toujours disposées, comme le sont généralement les hommes, à tout subordonner sans états d'âme au culte de la réussite professionnelle. Le temps passé auprès de l'enfant dans la petite enfance est la garantie de pouvoir se réinvestir plus tard dans la vie professionnelle sans culpabilité. C'est un moment qui n'a qu'un temps et qu'il est hasardeux pour les parents de remettre à plus tard, au risque de voir leur enfant régresser ou développer ultérieurement des dysfonctionnements pour les contraindre à leur donner de la présence, alors que précisément il n'est plus vraiment temps pour ça. La société n'a pas à se substituer à ce rôle majeur des parents, de la mère en particulier, mais elle doit les aider à pouvoir faire leur choix librement.

Il est si difficile de trouver un compromis pour concilier les deux registres – emploi et famille – qui suppose un juste partage des tâches, que la solution passe bien souvent par l'autonomisation rapide de l'enfant. Mais ainsi, faute de pouvoir partager les responsabilités avec son compagnon, la mère contribue inconsciemment à protéger le père au détriment de l'enfant.

Pour investir la place qui leur revient, il reste aux hommes à revoir la conception de leur rôle en fonction de la nouvelle donne féminine. Un tel réajustement est indispensable pour préserver dans le couple les aspirations et l'espace de liberté de chacun. Et j'ajouterai, en premier lieu, les aspirations des enfants eux-mêmes, qui n'attendent qu'une chose : recevoir leur comptant de présence et d'attention de chacun des parents. C'est seulement à cette condition qu'ils pourront être initiés à devenir indépendants. Mais en aucun cas dans le sacrifice de ce qui leur revient de plein droit au plan de l'implication parentale, l'enfant se refusant de plus en plus souvent à n'être que le reflet aliéné de ses parents. Même si pour s'assurer de leur amour, vital pour lui, il s'adapte comme il le peut, et parfois avec difficulté ou souffrance, au rythme de vie inapproprié que ces derniers lui imposent.

3

L'autonomie empêchée

> « Une mère, c'est celle qui aime son enfant en train de se détacher d'elle. »
>
> Françoise Dolto

Parfois, il n'y a pas moyen pour l'enfant d'être autonome. Pour des raisons obscures, liées à son histoire personnelle, sa mère freine par angoisse sa tendance. Et s'autorise d'autant moins à le reconnaître que la valeur dominante est justement de « lâcher son enfant ». Cela ne saute pas nécessairement aux yeux par un comportement maternel hyperprotecteur. En général, ce sont plutôt les difficultés de l'enfant qui révèlent les craintes de sa mère.

L'enfant et la crainte de grandir

Constance, 5 ans, est amenée par sa mère pour une difficulté à supporter l'absence de ses parents, en particulier lorsqu'ils sortent le soir, et depuis peu même lorsqu'il s'agit de se séparer d'eux pour aller à l'école.

La fillette a très mal vécu leur absence d'une semaine, et les messages destinés à ses parents pendant leur voyage

étaient, selon eux, pathétiques. Depuis leur retour, les scènes de séparation se passent dans une réelle détresse. Sa mère décrit la fillette comme « exigeante et jamais satisfaite, tyrannique dans la vie quotidienne ».
Lorsque je lui propose de dessiner sa famille, Constance commente ainsi son dessin :
– Oh ! J'allais faire ma mère plus petite que moi.
Elle rectifie la taille de sa mère et ajoute un bébé à peine visible entre elles deux : Constance d'un côté, de l'autre sa mère, toutes les deux penchées sur le bébé comme pour le protéger. Le papa, lui, est absent du dessin. Avant même que je lui pose la question, Constance ajoute avec satisfaction :
– C'est moi bébé.
Je lui demande :
– Qu'est-ce que tu pourrais bien dire ?
– Je dirais au bébé : « Je t'aime très fort et j'ai envie que tu grandisses. »
– Et la maman, qu'est-ce qu'elle pourrait dire ?
– Elle dirait au bébé : « Arrête ! »
On perçoit sans difficulté l'ambivalence de ce premier dessin : Constance semble tiraillée entre le désir de grandir et le désir de sa mère, qui lui ordonne de n'en rien faire. La relation fusionnelle qui s'est instaurée entre elles empêche la fillette de se rapprocher de son père pour s'engager dans la problématique œdipienne.
Je commente :
– Ce n'est pas facile de décider si tu préfères continuer à être le bébé ou bien si tu peux accepter de te comporter comme une petite fille de 5 ans ?
Constance me regarde pensive et hoche la tête avec approbation.
Dès la séance suivante, le bénéfice de notre premier entretien est manifeste : Constance se dessine à nouveau petite fille et bébé, mais entre ses deux parents. Et c'est le père

qui cette fois dit au bébé : « J'ai envie que tu sois grande. » Les paroles qu'elle prête à son père signent l'ébauche de son entrée dans l'Œdipe.
La petite fille, elle, s'adresse ainsi au bébé : « J'ai envie que tu ailles à l'école. »
La maman se contente de dire au bébé : « Je t'aime. »
On constate une nette évolution dans ce deuxième dessin, que la maman confirme : les scènes sont moins fréquentes et l'entrée à l'école se passe mieux.
Que ce soit le père qui encourage la fillette à grandir est sans aucun doute un signe de progrès : Constance se distancie de sa mère. Mais je me dis qu'elle indique à sa manière la réticence de sa mère au changement. Ce qui se confirme dans le fait que devant moi, la maman, lorsqu'elle s'adresse à sa fille, l'appelle toujours « Mon bébé »...
Je le lui fais remarquer et Constance, l'air contrarié, vient aussitôt se blottir dans les bras de sa mère, comme pour la consoler. Celle-ci émue se prête au jeu avec plaisir, et n'encourage pas la fillette à retourner à ce qu'elle était en train de faire.
J'insiste :
– Quand une petite fille décide qu'elle ne veut plus se comporter en bébé, il faudrait que ses parents l'aident, parce que sinon elle peut craindre de leur faire de la peine. Peut-être joues-tu au bébé en pensant faire ainsi plaisir à ta maman ?
Lors de la première consultation, la maman avait indiqué que la fillette née prématurée par césarienne avait été hospitalisée en néonatalité et séparée d'elle pendant deux mois. En outre, le papa ne souhaitait pas, vu son âge, avoir un autre enfant, malgré le désir de son épouse. On peut dès lors comprendre que ce bébé ait été surinvesti par sa maman, ce qui dans un tel contexte semblait bien légitime.

La maman s'exprime alors spontanément à ce sujet :
– C'est vrai que j'ai bien du mal à renoncer à un second enfant et Constance doit le sentir, mais je ne veux pas qu'elle paie pour tout ça et soit malheureuse.
Ce que je commente ainsi à Constance, à laquelle aucune parole n'échappe :
– Laisse donc ta maman se débrouiller avec ton papa. Ils s'aiment et peuvent très bien se passer de toi pour résoudre leurs problèmes. Toi, tu penses le contraire et tu te crois indispensable, c'est pourquoi tu ne veux pas les quitter. Ils ne t'oublient pas quand vous êtes séparés. Mais chacun doit être libre de vivre sa propre vie, et la vie des adultes et des enfants est différente. Eux aussi ont été des enfants et ont accepté de grandir pour devenir des adultes. Chacun son tour. À toi maintenant de vivre ta vie heureuse de petite fille.
Constance refusait de grandir et de s'autonomiser pour ne pas frustrer sa mère qui souhaitait inconsciemment qu'elle reste dépendante d'elle. Sa mère ajoute d'ailleurs :
– Constance doit avoir du mal à s'y retrouver car je lui ai toujours donné le choix pour tout, pour la nourriture, pour s'habiller, alors qu'elle est trop petite pour assumer de choisir. Elle doit se sentir plus grande qu'elle n'est par moments, et bébé à d'autres. D'autant qu'à l'école on les pousse à devenir autonomes de plus en plus tôt. Je réalise à quel point des attitudes aussi opposées doivent être confuses pour elle.
À ce moment précis, Constance intervient comme pour confirmer la prise de conscience de sa mère :
– J'aimerais bien rester chez les petits l'année prochaine. Si je passe chez les grands, je ne serai plus ton bébé. C'est pas bien de grandir. On ne peut pas faire tout ce qu'on veut.
Toute-puissance du bébé à laquelle la fillette a du mal à renoncer. Comme pour beaucoup d'enfants, ses désirs n'étaient que le reflet des désirs maternels inconscients.

Constance fait spontanément un dessin qui concrétise ce qu'elle vient d'exprimer avec conviction :
– C'est un grand cheval qui ne veut pas avancer et un petit cheval qui voulait avancer. Une dame explique à une petite fille qui est sur le grand cheval comment tenir les rênes...
Les enfants nous étonnent toujours par leur capacité à communiquer un message essentiel pour eux, avec une remarquable économie de moyens, le plus souvent par le simple truchement du dessin.
Je confirme alors son commentaire :
– Elle souhaite si fort apprendre à tenir les rênes de sa vie et à grandir qu'elle va sûrement y arriver, surtout si elle accepte d'être « aidée par la dame ».
À la fin d'une séance, la maman de Constance exprime ainsi son contentement de voir les changements qui s'opèrent chez sa fille et sans doute aussi chez elle :
– C'est génial de la voir grandir !

Pour faire l'expérience d'une prise d'autonomie progressive, l'enfant ressent le besoin élémentaire de se confronter régulièrement au désir et à la volonté de l'adulte, pour prendre la mesure de son désir propre. Cela lui donne l'opportunité de pouvoir s'opposer. En outre, tout laisser faire à un enfant ou lui demander sans cesse de choisir revient à le priver d'un appui qui le sécurise. Les parents qui justifient le fait de tout permettre avec l'argument de respecter ainsi leur enfant, contribuent à le mettre dans une position de toute-puissance trop lourde et angoissante pour lui.
Or il n'y a pas d'amour sans interdit, un interdit qui cache bien des promesses à venir et nourrit le désir. S'opposer au désir de l'enfant, c'est susciter l'effort indispensable pour qu'il soit sûr de ce qu'il veut. Cela lui permet de se déterminer et de se construire un moi solide.

Pas étonnant que Constance ait dû avoir recours à des crises d'une telle importance, équivalentes à un appel à l'aide. Comment pouvait-elle s'en sortir dans une situation paradoxale où d'un côté on lui intimait l'ordre de rester bébé, et de l'autre on l'autorisait à faire ce qu'elle voulait comme une grande personne ? Comme si elle était assez grande pour savoir ce qu'elle voulait vraiment ! Constance se trouvait dans une impasse où il lui était impossible de vivre simplement une vie de petite fille. Ses crises étaient l'expression de l'insécurité qui était la sienne. Qu'elle se comporte en bébé ou en petit singe dressé, Constance avait un sentiment de toute-puissance bien loin de l'autonomie véritable.
Alors que dans son premier dessin Constance exprime la relation fusionnelle qui la lie à sa mère, dans le deuxième dessin la présence de son père ébauche le processus de défusion, dans la mesure où le père représente le tiers qui sépare symboliquement l'enfant de sa mère, comme cela a déjà été évoqué.
Peut-être pouvons-nous ajouter que paradoxalement, la dynamique d'autonomisation de cette fillette se trouvait empêchée lorsque le désir de sa mère était de la maintenir bébé, et à l'inverse devenait excessive lorsque cette mère répondait à tous les désirs, même exorbitants, de son enfant. Face à un comportement maternel aussi ambivalent, comment pouvait-elle se situer et trouver sa place dans la famille ?
L'objectif de toute éducation consiste pour les parents à trouver la « bonne distance » avec leur enfant. Ils doivent faire en sorte de le convaincre qu'ils ont leur vie sociale et affective, et qu'ils n'ont pas toujours besoin de lui, ce qui protège son espace de liberté, tout autant que le leur.

L'enfant tout-puissant

Charles est un petit garçon de 4 ans au regard vif et à l'attitude d'emblée provocante. La consultation est motivée par le fait qu'il se comporte de manière ritualisée. Ce comportement est devenu très contraignant pour la famille selon son père – sa mère n'en est pas du tout aussi alarmée.
Charles ne peut concevoir une action que dans la stricte répétition, que cela concerne un trajet habituel auquel il s'agit de ne rien changer, ou de gestes quotidiens qu'il tient à maîtriser dans leurs moindres détails. Ainsi est-ce lui et lui seul qui ouvre telle porte ou la ferme. Si par mégarde quelqu'un agit à sa place, il interprète aussitôt ce geste comme une ingérence dans son univers, ce qui provoque chez lui des crises interminables. À l'école, il décide lui-même des consignes de l'institutrice qu'il va accepter ou refuser d'exécuter. C'est du reste sa maîtresse qui a alerté la famille.
Au cours de l'entretien avec ses parents, Charles reste très attentif à tout ce qui est évoqué concernant son comportement, à propos duquel les parents s'opposent. En effet, son père reproche à sa femme son laxisme vis-à-vis de Charles dont elle « entretient les tendances au lieu de les empêcher ». « Elle a peur de lui et va jusqu'à anticiper ses rituels pour éviter les clashs, alors que moi j'essaie au contraire de poser des limites pour ne pas lui donner le sentiment qu'il peut décider de tout et se montrer plus fort que nous », dit le père.
À ce moment précis, Charles vient grimper sur sa mère qu'il envahit physiquement, submerge de questions, et tente de détourner de notre conversation. Il lance à son père un regard arrogant et jubilatoire, et sa mère visiblement com-

blée d'être l'élue de son fils reste impassible et ne réagit ni ne proteste. Le père se trouve de ce fait mis en échec par la coalition mère-fils qui, précise-t-il, « est constante et n'offre aucune prise à mon autorité ».

Pour sa femme, le père est, à l'inverse, « excessif » dans ses interventions éducatives, qu'elle juge, en outre, « inadaptées et arbitraires, toujours à contretemps », comme s'il se servait de Charles pour la contrer et « prouver son efficacité ». « Efficacité relative ! » précise le père sur un ton fataliste.

Cette maman à l'apparence plutôt immature se décrit encore très dépendante de sa propre mère à laquelle elle fait sans cesse référence. Empêchée par sa propre histoire, il n'est pas étonnant qu'elle se laisse harceler par son fils, en quête de limites cohérentes, de règles qu'elle-même n'a pas totalement acquises et qu'elle a peine à transmettre.

Quant au père, il n'a pas reçu davantage de repères, mais contrairement à son épouse, il déplore d'avoir vécu une enfance ballottée et déstabilisante sur tous les plans : matériel et affectif. « J'ai décidé de quitter ma famille à quatorze ans pour vivre ma vie et ne plus subir le pouvoir destructeur de ma famille. Je me suis fait tout seul et je voudrais éviter cette épreuve à mon fils », dit-il.

Ainsi, malgré des apparences trompeuses, on peut faire l'hypothèse que Charles souffre précisément d'un manque de limites claires qui le handicape à tous les niveaux. Habilité à décider de tout, il se trouve figé dans un faux statut d'adulte qui, loin de le rendre indépendant, l'aliène toujours davantage. La tyrannie qu'il exerce sur son environnement ne contribue pas à le faire progresser sur le plan psychoaffectif. En outre, il se retrouve lui-même piégé par des comportements répétitifs auxquels il n'a pas les moyens de se soustraire.

Or, sans l'acceptation préalable de contraintes, aucune liberté constructive ne peut être prise. C'est cette absence de contraintes qui hypothèque l'équilibre futur de ce petit garçon. Sa mère anticipe et valide sans distinction tous ses désirs, jusqu'à ces rituels aux enjeux stériles qu'il s'impose et qui le comblent de façon transitoire. Car un acte répétitif n'est pas un acte choisi, mais subi de façon impérative et irrépressible, tout le contraire d'un acte délibéré et autonome.

Dans une famille où personne n'est plus ni à sa place, ni dans son rôle, l'enfant vit dans un climat d'insécurité permanente, malgré la « pléthore affective » dont il est l'objet de la part de sa mère. Le « tout permis » étant tout aussi angoissant que le « tout interdit ».

Ayant intégré que sa mère le privilégiait, lui, le fils, au détriment de son père, dont elle ne cesse de dévaluer l'autorité, Charles est en droit d'imaginer avoir pris la place de son père auprès d'elle. Le père, lui, n'est alors plus crédible pour représenter le « tiers séparateur » entre la mère et le fils, celui qui censure et impose sa loi. On comprend qu'une telle situation ne contribue guère à ce que Charles s'achemine vers la résolution de son œdipe.

Dès lors, cette mère qui refuse de poser la moindre limite à son fils le rend dépendant d'elle, dans la mesure où elle entretient chez lui le sentiment que lui seul est en mesure de la combler. La conséquence directe du comportement fusionnel de la mère et du fils est que Charles manque de contacts avec son père. Or c'est un garçon, il a besoin de s'identifier à lui en tant que référent du même sexe. Pour tout enfant, cette question de l'identification est fondamentale. Mais comment va-t-il y arriver ? Charles tient sa mère tout autant qu'elle le tient, et la séparation souhaitable pour qu'il s'autonomise devient pour lui impossible.

Dans une situation aussi complexe, il va de soi que la prise en charge de Charles ne pouvait s'envisager sans la coopération de ses parents, afin que chacun d'eux puisse retrouver sa juste place.

Fréquemment repéré à l'école, le manque de cadre et de limites est devenu un symptôme en soi dans notre société. Et il n'est pas rare de recevoir en consultation des parents désemparés qui réalisent tardivement ne plus avoir les moyens de faire accepter à leur enfant certaines règles éducatives de base, nécessaires pour vivre en relative harmonie avec les autres. Il semble que règne une confusion tenace entre une « permissivité contrôlée », qui inclut une part non négligeable de frustration, et le « tout autorisé » par crainte de traumatiser. L'enfant ne s'y trompe pas et repère très vite les bénéfices secondaires qu'il peut tirer de l'ambivalence parentale. De surcroît, nous sommes dans une société où règne l'« immédiateté » qui exige la satisfaction instantanée de toute demande, au détriment du délai et de la persévérance, pourtant garants de la capacité de rêver pour se projeter dans l'avenir.
Malgré cette liberté sans contraintes, l'enfant n'est pas autonome pour autant, puisque l'autonomie s'acquiert dans l'acceptation de certains renoncements au plaisir immédiat, indispensables à l'apprentissage de la vie. L'expérience de la « castration symboligène [1] », c'est-à-dire la frustration par rapport à la toute-puissance du désir, reste un passage obligé pour tout humain. Tout parent se doit d'imposer ce passage à son enfant, s'il souhaite le rendre tant soit peu adaptable à la réalité. Dans un contexte sans contraintes, Charles n'a pas l'occasion de ces renoncements. Ce qui ne contribue pas à l'avènement de son surmoi. L'autoresponsabilisation dépend, en effet, de ce surmoi qui se construit à partir d'interdits imposés d'abord de l'extérieur à l'enfant, qu'il

1. Dolto Françoise, *La Cause des enfants*, Laffont, 1985.

intériorise par la suite et auxquels il se référera tout au long de sa vie.

Tout enfant doit donc intégrer ces processus pour s'affirmer progressivement comme capable de gérer ses affects et ses rapports aux autres, c'est-à-dire de développer sa capacité à être « un parmi les autres en société, pour conserver son indépendance de pensée tout en restant lui-même[1] », une intégration sociale qui débute dans le microcosme familial.

L'enfant thérapeute

Samuel, 5 ans, vient pour une phobie à se séparer de sa mère et une appréhension de l'inconnu. Son symptôme est manifeste lorsqu'il s'agit de se rendre à l'école où il refuse d'entrer. La gravité et la tristesse qui émanent de lui sont frappantes.

Sa mère, déjà malade avant sa naissance, a dû subir plusieurs interventions invalidantes qui ont nécessité plusieurs hospitalisations. Lors de ses rechutes, les difficultés du petit garçon n'ont fait que s'amplifier. Sa mère insiste sur le fait que la naissance de Samuel lui a redonné la force de se battre. Il est devenu son prolongement, et le dépositaire de son désir de vivre.

Lors de ce premier entretien, Samuel ne cesse de régler son regard et sa parole sur ceux de sa mère, qu'il contrôle en permanence, guettant le moindre signe d'assentiment ou de réprobation de sa part. Dans sa relation fusionnelle à sa mère, cet enfant ne bénéficie d'aucun espace personnel pour s'autonomiser.

Samuel se vit en quelque sorte comme le garant de la vie de sa mère, ce qui le pousse à ne pas se séparer d'elle, pour

1. Dolto Françoise, *Les Étapes majeures de l'enfance*, Gallimard, 1994.

ne pas l'abandonner, car il la croit trop en danger pour pouvoir être livrée à elle-même. Le père, lui, dérouté et éprouvé par la maladie de sa femme, est loin de représenter un réconfort pour elle. Samuel a endossé ce rôle de soutien et de protection à la place de son père, dont il refuse la proximité tant il le sent fragilisé et peu sécurisant pour lui.
Lors de cette première rencontre, Samuel exécute le dessin d'une maison dans laquelle se trouve un petit garçon, qu'il commente ainsi :
– Le petit garçon voudrait sortir mais la porte est fermée...
Ce que j'interprète ainsi :
– Le petit garçon aimerait bien être libre, mais il n'a peut-être pas la clé. Il a sans doute besoin d'être aidé pour la trouver.
Et pour conclure cette première séance, je signifie à Samuel que son rôle ne consiste pas à soigner sa mère, qu'elle peut trouver de l'aide ailleurs, que son père est là lui aussi pour la soutenir et la protéger, qu'il n'a pas pour mission d'être le thérapeute de sa mère et qu'« un petit garçon a sa propre vie à vivre ».
Samuel réagit aussitôt à mes paroles en demandant l'autorisation d'appeler son père au téléphone pour lui proposer de venir nous rejoindre. En l'intégrant symboliquement à notre séance, il acquiesce de la sorte au message que je lui ai fait passer et je perçois chez lui un sentiment de soulagement lorsque nous nous quittons. Aussi accepte-t-il en souriant ma proposition de revenir accompagné de son père.
Lors de notre deuxième rendez-vous en présence de son père, Samuel dessinera un roi et une reine qui « habiteraient tout en haut d'un château, le plus grand château du monde », lui serait « au deuxième étage juste en dessous du roi et de la reine ».
Je lui interprète que dans ce dessin, il semble accepter

d'occuper une autre place : celle du petit garçon de 5 ans, fils du couple formé par ses parents.
Au cours des séances, il apparaît de moins en moins déprimé et se comporte davantage avec l'insouciance propre à son âge. Progrès qui se concrétisera dans la disparition de sa phobie scolaire et dans sa capacité progressive à vivre des temps hors de la présence maternelle, tout en éprouvant du plaisir dans la relation établie avec son père.
On voit, dans ce cas, comment un enfant, même très jeune, peut se sentir garant de l'intégrité physique ou psychique de l'un de ses parents. Comment Samuel pouvait-il s'autonomiser dès lors que son rôle consistait en priorité à tenter désespérément de combler les défaillances parentales ?

Ce constat nous engage à aborder avec prudence notre conception de l'autonomie. Celle-ci peut en effet se trouver freinée par des difficultés que l'un des parents projette inconsciemment sur l'enfant, ou que l'enfant ressent comme lui étant destinées. En prenant ainsi en charge la fragilité de son environnement, l'enfant s'applique à « réanimer » le parent défaillant, trop souvent au détriment de son autonomie propre.

L'enfant éclipsé

En revanche, un enfant trop docile qui se contente de suivre à la lettre les directives des parents et des éducateurs, s'il ne court aucun risque, n'acquiert aucun sens de l'initiative. Ses fantasmes, quand il en a, tournent à vide, et ne sont jamais suivis d'un semblant de réalisation. Il ne développe pas sa créativité qui s'appauvrit, et à laquelle il aura difficilement accès dans l'avenir.

Telle cette fillette âgée de 10 ans pour laquelle ses parents consultent, en raison de ses difficultés à s'imposer et de son inhibition en classe où, malgré d'excellents résultats, elle panique dès qu'elle doit répondre oralement.
Figée, les bras le long du corps, Dominique s'interdit le moindre geste spontané. Elle semble toujours attendre que quelqu'un l'y autorise. Sa voix à peine audible est celle d'une toute petite fille. Lors de notre première entrevue, lorsque je lui adresse une question simple, elle se tourne aussitôt vers sa mère avec un regard inquiet dans l'espoir, sinon de la voir répondre à sa place, du moins de s'entendre souffler la réponse. Dominique a un frère dont elle est l'aînée de trois ans, lequel « vit sa vie » sans problème.
Un an avant sa naissance, sa mère a perdu une petite fille à deux jours de vie. Très angoissée pendant la grossesse et après la naissance de cette deuxième enfant, la maman a exercé sur elle une vigilance de tous les instants, dans la crainte incoercible de ne pas assez la protéger et de la perdre. Sous son contrôle permanent, Dominique n'a pas été encouragée dans ses initiatives, mais au contraire incitée à renoncer à toutes ses entreprises, même les plus banales. Tout était dangereux : manipuler le sable « pollué » du square, porter un jouet à sa bouche, embrasser un autre enfant ou un adulte, partager une friandise... – tout ce qui venait de l'extérieur. Sa mère seule savait ce qui était bon ou mauvais pour elle, et c'était sans appel.
Entravée dès son plus jeune âge dans toutes ses tentatives d'autonomie, Dominique avait surdéveloppé son intellect au détriment de l'intelligence du corps, des sensations et des affects qui s'éprouvent en particulier dans le jeu. Elle avait intériorisé les interdits maternels au point de tout s'interdire en permanence.
À l'école, elle recherchait la protection d'une camarade autoritaire qu'elle suivait aveuglément. Sans avoir la

moindre conscience de se faire manipuler, ni de devenir l'objet de la jouissance de cette « amie », elle reproduisait le même schéma relationnel qu'elle entretenait avec sa mère. À peine osait-elle se plaindre d'être rejetée, ce qui lui arrivait souvent, et lui occasionnait de fréquentes insomnies. Ce sont du reste ces insomnies, dont elle commençait à souffrir chroniquement, qui avaient fini par alerter ses parents, guère conscients jusque-là de ses problèmes.

Elle se trouvait démunie devant la moindre difficulté et dans une totale méconnaissance de la complexité de la relation aux autres. Son existence se résumait à une vie répétitive, monotone et sans fantaisie, au point qu'elle n'avait développé aucune créativité, et que l'idée de désobéir ne l'avait même jamais effleurée. On ne sentait en elle aucune velléité d'opposition, et encore moins de transgression car, outre une certaine audace, la transgression exige de l'imagination et une capacité à éprouver de la curiosité, voire à se projeter dans l'acte interdit.

Protégée de tout, des autres, mais surtout d'elle-même, Dominique n'avait pas mis en place la sécurité intérieure la plus élémentaire et ne connaissait que la dépendance. Paradoxalement, elle était à la fois trop défendue et en même temps sans défense.

Au point que lors d'un séjour en province chez ses grands-parents, elle avait, au moment de les quitter, insisté pour suivre les recommandations maternelles, à savoir porter la même tenue qu'à son départ. Mais par peur – assurait-elle – que sa mère ne la reconnaisse pas à son arrivée ! On imagine aisément ce qu'une telle interprétation de sa part révélait sur la fragilité de son identité. Elle était en effet dépositaire d'une mission difficile : exister par elle-même aux yeux d'une mère qui, dans son inconscient, la confondait avec l'enfant morte qui l'avait précédée, idéalisée pour toujours.

Dominique se trouvait dans une impasse : enfant de remplacement, elle était en fait identifiée à un être mort.
C'est précisément cette projection faite sur elle par sa mère que Dominique avait intériorisée, et cela au point de ne pas pouvoir être elle-même, jusqu'à s'interdire d'être vivante.
Elle était dénuée de toute capacité d'initiative, et dans un tel contexte familial la question du jeu ne se posait même pas pour elle. Elle n'y avait pratiquement pas eu accès.
En outre, le jeu nécessite que la mère laisse un espace libre où peut advenir l'autocréation de l'enfant. Selon Paul-Claude Racamier, c'est cet espace que respecte une mère tout naturellement aspirant à aider son enfant pour vivre plutôt qu'à vivre à sa place [1].

L'importance du jeu dans l'expérience de l'autonomie

S'il est un domaine où l'enfant peut repousser les limites que lui imposent son immaturité et sa dépendance aux adultes, c'est bien celui du jeu. C'est dans le jeu que l'enfant peut s'autoriser sans risque à ne dépendre que de lui-même. La libre organisation de ses fantasmes, de ses désirs, qu'il met ainsi en scène, lui procure une jubilation liée à la découverte du sentiment de liberté. Il découvre une autonomie, certes illusoire et temporaire, mais cela lui permet d'entrevoir la possibilité de devenir un jour le maître de sa propre vie : c'est pour la création d'un espace propice à une constante « recréation de lui-même » qu'il rejoue et améliore sans cesse.
Le jeu représente pour l'enfant une source inépuisable de quiétude et de contentement. C'est ainsi qu'il peut progresser là où des initiatives nouvelles motivent sa quête

1. Bayle Gérard, *Paul-Claude Racamier, psychanalyste d'aujourd'hui*, PUF, 1997.

croissante de la maîtrise de son espace de liberté. Son inventivité naturelle lui inspire des scénarios où les obstacles à surmonter relancent indéfiniment sa créativité et sa persévérance. Dans ses mises en scène, il réutilise autrement tout ce qu'il a inventorié. Chaque situation nouvelle est appréhendée différemment et trouve sa résolution grâce aux traces laissées par les expériences antérieures.

« Jouer c'est apprendre à être, c'est apprendre à vivre aussi bien seul qu'avec les autres », affirme Françoise Dolto. C'est faire l'expérience d'une autonomie future, celle qui permet « de se suffire à soi-même » dans les moments de solitude et de savoir « rester soi-même » en collectivité.

En premier lieu, c'est avec sa mère que l'enfant s'initie au jeu. Ensuite, à cause ou plutôt grâce à ses absences et à la frustration qu'il en ressent, il « fabrique l'illusion de sa présence ». Son tout premier jeu, il le crée de lui-même pour tolérer son impuissance à faire réellement surgir sa mère. Cette capacité d'illusion constitue un pas décisif vers l'autonomie de pensée qui lui fait accéder à la faculté d'être seul en présence d'un autre.

Il est important qu'une mère évite d'être trop « comblante » et accepte que quelque chose de l'enfant lui échappe. Une mère envahissante et possessive, qui anticipe tous les besoins de son enfant et comble tous ses désirs pour le protéger des dangers d'un monde « hostile », ne donne pas à l'enfant la chance de vivre des frustrations auxquelles il pourrait alors substituer des illusions compensatoires. C'est dans un espace psychique laissé libre par la mère que l'enfant peut jouer avec ses idées et faire l'expérience de l'autonomie créative.

La seule place concédée à Dominique se limitait à n'être que le prolongement de sa mère. Une mère qui avait vampirisé tous les désirs potentiels de sa fille. Non seulement Dominique n'exprimait aucun désir personnel, mais elle n'avait même pas acquis la capacité d'imaginer qu'elle puisse en avoir. Avec les meilleures intentions du monde, sa mère lui avait « coupé les ailes ».

Tout enfant devrait pouvoir bénéficier de la confiance de ses parents dans sa capacité de vie. Une confiance dont le message, calqué sur celui de Françoise Dolto, se résumerait ainsi : « N'aie pas peur »...
Ce n'était pas le cas pour Dominique, imprégnée dès sa naissance de l'idée mortifère que « tout est dangereux », idée qui avait étouffé tout désir en elle, désir primordial pour insuffler le goût de la vie et la mise en œuvre d'un moi autonome.
Cet accomplissement n'était, hélas, pas pour demain, tant était exorbitante l'influence des projections maternelles. Pour aider cette enfant à se dégager de ce qui risquait d'hypothéquer gravement sa vie, il fallait au préalable sensibiliser sa mère au degré d'aliénation de l'enfant, tout en veillant à ne pas la culpabiliser. Car sans doute avait-elle cru bien faire, ou n'avait-elle pas eu le choix de faire autrement, compte tenu du drame auquel elle avait été confrontée lors de la perte de son premier enfant. À cet égard, et dans un souci de prévention, il est fort regrettable qu'elle n'ait pas bénéficié, à cette époque, d'un soutien psychothérapeutique pour l'aider à dépasser ce deuil douloureux, et faire en sorte que celui-ci ne pèse pas sur les enfants à venir.
Je comptais beaucoup sur la capacité du père à se mobiliser pour défusionner la mère et sa fille, et les aider à se libérer l'une de l'autre. Le rôle majeur qui revient au père ne doit en effet jamais être sous-estimé, mais au contraire toujours être encouragé. Sa place consiste à servir d'interface entre la famille et la société, et à permettre à l'enfant de se dégager de l'influence d'un matriarcat éducatif, accentué par une féminisation des professions liées à l'enfance. De surcroît,

certains enfants sont très peu en contact avec leur père, d'autres vivent avec leur mère célibataire, ne rencontrent pratiquement jamais d'hommes et occupent, de ce fait, la place laissée libre auprès de leur mère. Ces enfants-là sont privés de références masculines et de figures d'autorité qui leur sont nécessaires pour s'identifier dans le respect de la différence des sexes. S'ils ne trouvent pas de substitut paternel, cet état de fait caractéristique de notre société peut se révéler très préjudiciable à leur développement psycho-affectif et à la construction de leur identité.

4

L'autonomie sur commande

> « L'enfance a ses manières de voir, de penser, de sentir qui lui sont propres ; rien n'est moins sensé que de vouloir y substituer les nôtres. »
>
> Jean-Jacques Rousseau

Un enfant peut faire preuve de ressources extraordinaires pour se prendre en charge, assumer des responsabilités importantes. Ce faisant, il va parfois jusqu'à susciter l'admiration des adultes, qui ne mesurent pas ce que risque de lui coûter le fait d'avoir dû porter, à un âge où l'on a encore besoin d'être porté.

La responsabilité précoce imposée

Une éducatrice de jeunes enfants m'intercepte à mon arrivée lors d'une de mes vacations habituelles à la crèche et demande à me parler en urgence. Elle se dit bouleversée par un rêve angoissant qu'elle a fait la nuit précédente. Dans son rêve, elle se servait d'une guirlande de Noël, qu'elle venait de confectionner avec les enfants de sa section, pour les étrangler.

L'idée qu'un tel acte ait pu l'effleurer, même en rêve, l'avait mise dans un état de choc tel qu'elle se sentait désormais incapable de s'occuper d'enfants, et envisageait même de changer de métier. Une question la taraudait : « Comment de tels sentiments agressifs peuvent-ils se comprendre alors que j'ai choisi ce métier par passion, et sans jamais avoir pu envisager une autre activité ? »
J'évaluai rapidement l'acuité de sa souffrance et le risque d'effondrement qui pouvait en résulter. Il me paraissait, en outre, improbable que les enfants dont elle s'occupait, avec une compétence qui faisait l'unanimité aussi bien chez les parents que chez ses collègues, soient la cible de l'attaque mortifère du rêve. Et dans le souci d'alléger la culpabilité qui l'accablait, je lui proposai aussitôt de l'aider à décoder le sens de ce rêve, ce qu'elle accepta avec soulagement, calmant ainsi immédiatement son angoisse.
Il s'avéra que cette jeune femme était l'aînée d'une fratrie de six enfants. Sa mère, qui souffrait de dépression chronique que seules les grossesses suspendaient temporairement, l'avait très précocement (dès 6 ans selon ses souvenirs) réquisitionnée pour s'occuper des plus jeunes. Aussi son enfance s'était-elle réduite à devoir assumer de lourdes responsabilités. Associant spontanément les évocations sur son enfance à ce rêve obsédant, elle découvrait avec surprise le sens caché de son geste agressif à l'encontre des enfants ; replacé dans le contexte de son rude passé infantile, ce geste devenait autrement compréhensible pour elle. N'ayant pas pu exprimer la légitime ambivalence qu'elle ressentait vis-à-vis des frères et sœurs plus jeunes dont elle avait la responsabilité, elle l'avait refoulée jusqu'à ce que le rêve dévoile une violence en elle que rien à ce jour n'avait pu laisser soupçonner.
Une violence refoulée car trop culpabilisante vis-à-vis d'une mère fragile dont elle était devenue le soutien et le substitut,

non par choix mais par nécessité. C'est le déplacement de son agressivité inconsciente envers sa fratrie projetée sur les enfants de la crèche qui lui permettait de prendre conscience de sa souffrance infantile passée.

Il arrive souvent que certains choix de vie ou de carrière se révèlent ainsi être liés à des événements du passé refoulé, ou d'une transmission transgénérationnelle de problèmes familiaux non résolus. Aussi le désir de s'occuper d'enfants qui s'était imposé à elle depuis toujours pouvait-il s'entendre comme une façon de réparer ses sentiments négatifs inconscients vis-à-vis de ses frères et sœurs.

Son désarroi enfin apaisé lors de cette séance improvisée et atypique, je l'encourageai à faire une démarche de psychothérapie pour se libérer de la violence insoupçonnée dont elle venait de prendre la mesure.

On voit ici les affres que peut générer un excès de responsabilité qui grève douloureusement l'état d'immaturité propre à l'enfance. Ces traces, reléguées dans l'inconscient, peuvent s'exprimer très à distance des événements, sous une forme totalement imprévisible comme l'était son rêve. Car si tout enfant s'adapte en général avec docilité à ce qu'on exige de lui, ne serait-ce pas dans l'espoir de conserver l'amour des adultes tutélaires dont il dépend ? D'où ce constat lucide de la jeune femme :

– Au fond, pour protéger ma mère, je suis passée dès la petite enfance à des responsabilités d'adulte. Je ne me suis jamais révoltée ou opposée comme le font les adolescents. Peut-être qu'en choisissant de travailler avec des enfants, c'est ma propre enfance que je cherche à retrouver.

Sans doute son choix d'activité professionnelle lui permettait-il aussi de persévérer dans un rôle qu'elle ne connaissait que trop bien, celui de rester « celle qui veille sur d'autres plus fragiles que soi » ?

J'ajoutai :
– Peut-être est-ce une façon pour vous de réinterroger votre propre enfance en espérant trouver la réponse à la question *qu'est-ce que l'enfance ?*, là où la vôtre semble avoir été bien malmenée ?
En outre, je ne manquai pas de positiver autant que possible l'impact négatif du rêve :
– Il vous offre l'opportunité inespérée de résoudre enfin tout ce qui vous encombrait et était resté en suspens jusque-là.
La fausse maturité qu'elle avait édifiée, en endossant très jeune encore un comportement d'adulte, lui avait permis de s'adapter à la situation familiale, au détriment de son propre droit à l'enfance. Comme l'a justement pointé Winnicott : « Cet enfant sera vieux prématurément. Il perdra sa spontanéité, sa faculté de jouer sa pulsion créatrice libre de toute contrainte, devenu *celui sur lequel on s'appuie.*[1] »

Faux moi et parentalisation

La notion d'autonomie se trouve pervertie par la société actuelle qui, sous couvert d'une émancipation de l'enfant, a cru bon de l'accélérer sous la forme d'une « autonomie obligée ».
Renonçant à faire l'expérience d'une prise d'autonomie progressive, issue de son désir propre, l'enfant se conforme à cette exigence précipitée. Pour ce faire, il met en place un « faux moi » conforme à l'attente des parents, qui comble leur impatience, tout en les allégeant d'une charge qui contrarie leurs priorités, et leur pèse passablement.
Ce « semblant être » le met parfois dans une situation où il se prend en charge précocement, et peut même au besoin

1. Winnicott Donald W., *Jeu et Réalité*, Gallimard, 1975.

assumer d'être « parentalisé » pour prendre en charge ses propres parents, irresponsables ou immatures.
Ainsi l'histoire de cette jeune femme dont la demande de thérapie est motivée par un manque de confiance en elle qui pénalise tous les domaines de son existence.
Née en 1969, de parents soixante-huitards, très jeunes, qui se sont mariés à l'annonce de cette grossesse accidentelle, suivie aussitôt par la naissance d'une seconde fille, Annie a très vite pris conscience qu'elle ne pouvait pas compter sur ses parents. Elle décrit une mère infantile qui passait son temps à espérer le retour de son jeune époux volage, et ne s'adressait à sa fille aînée que pour se plaindre d'être aussi négligée, et lui réclamer du réconfort.
– Ma mère ne pouvait parler que de ses problèmes. Elle nous a oubliées. Elle était tout juste présente à elle-même, mais absente pour nous. Nous devions nous débrouiller seules et il nous arrivait, lorsque nous avions 9-10 ans, de devoir acheter la nourriture nécessaire à la famille. Nous étions même en possession de la carte bleue et curieusement, nous n'avons jamais fait de bêtises. Un peu plus tard, adolescente, je me souviens que j'empruntais les vêtements de ma mère, son manteau de fourrure, pour « frimer », comme pour entretenir l'illusion de lui ressembler et forcer le respect. Je n'ai pas le sentiment d'avoir eu une enfance normale et je me demande si je ne me comporte pas maintenant et à contretemps en petite fille toujours en décalage par rapport aux autres. Je ne suis pas passée par les étapes habituelles de la vie, écrasée trop tôt par trop de responsabilités. Malgré tout ce que je prenais en charge, je n'évoluais pas vraiment, et je suis restée bloquée à ce stade sans avoir eu le droit comme tout enfant à des moments d'insouciance. J'ai dû y renoncer malgré moi avec un regret qui ne s'est jamais atténué depuis.

Confidente d'une mère fragile et souvent déprimée, Annie était solitaire, triste et en retrait, se liant peu avec les enfants de son âge. En revanche, sa sœur était plus enjouée et le fait qu'Annie assurait le rôle de soutien de sa mère la libérait.
– C'est sympa d'avoir des parents jeunes, mais s'ils n'assument pas leur rôle de parents, ils ne servent à rien. De plus, mon père étant toujours absent, je n'ai pas eu de référence masculine. J'ai l'impression d'être une femme sans l'être et pourtant j'ai besoin d'être reconnue et aimée. Mais j'ai le sentiment de n'avoir droit à rien. J'ai tellement attendu l'amour de ma mère et l'intérêt de mon père, en vain. Nous n'étions que des satellites de leur couple.
Annie confirme en cela que c'est bien le fait de n'avoir pas pu, enfant, s'appuyer sur ses parents, incapables de lui offrir intérêt et sécurité, qui a conditionné sa vie d'adulte. Un excès de responsabilités assumées trop tôt l'a acculée à troquer les aspirations légitimes de l'enfance pour une réalité qui n'était pas la sienne.
Annie conclut :
– Je n'ai pas eu d'enfance, pas d'adolescence, j'ai été propulsée dans des responsabilités d'adulte. Je ne suis attirée que par ceux qui ne peuvent rien me donner et attendent tout de moi, comme on l'attend d'une mère. Alors, je continue à assurer ce rôle, celui qui m'a été imposé depuis toujours. Je n'ai pas d'autres repères que les extrêmes. J'ai été une mère précoce et suis une enfant tardive. À 30 ans, je ne sais toujours pas comment assumer un rôle de femme à part entière.
Désormais figée dans le seul rôle qu'elle connaisse, celui de soutien indéfectible à toute situation désespérée, Annie ne trouve comme modalité relationnelle à l'autre que le seul dévouement altruiste.
– Je n'attends rien des gens et ne peux rien demander pour moi puisque le but de mon existence se limite à combler leur besoin d'aide et qu'autrement je ne compte pas.

Annie n'a jamais pu identifier ni exprimer ses propres désirs, et l'autonomie imposée de son enfance la bloque dans une impasse, celle d'une dépendance qui l'assujettit au désir des autres. C'est-à-dire le contraire de l'autonomie véritable. Tant il est vrai que faire sauter une étape à un enfant ne peut que le confronter à la nécessité de rattraper plus tard un temps qui lui aura manqué.
Et cela concerne tout autant, voire en premier lieu, l'adolescent, dont l'immaturité doit être reconnue et acceptée. Et pour citer encore D. W. Winnicott : « Pour l'immaturité, il n'y a qu'un traitement, c'est l'écoulement du temps. »
Avoir reçu son « comptant d'enfance protégée » est un gage incontestable d'équilibre et une ressource inépuisable pour l'adulte à venir.

Les méfaits d'un encouragement autoritaire à l'autonomie

Durant le travail analytique qu'il a entrepris récemment pour sortir de son isolement, Clément se remémore une scène de son enfance, à l'occasion du souvenir tenace d'un rêve angoissant où il se noyait :
– J'avais un peu plus de 3 ans et nous passions, mes parents, mon frère plus jeune et moi, nos vacances à proximité d'un lac. Mon père, qui était militaire, revendiquait de faire de sa progéniture des enfants audacieux, capables d'affronter n'importe quelle situation, le contraire de « poules mouillées » selon son expression. Un jour que nous étions dans une barque, il m'a forcé à sauter dans le lac, malgré l'interposition de ma mère à laquelle je m'accrochais. « Nage ! » a-t-il crié. J'avais acquis quelques rudiments de natation en piscine, mais j'étais terrifié de me trouver seul au milieu de cette sombre immensité. Je me souviens des cris de ma

mère, et de mon père hilare devant mes efforts désespérés pour me maintenir hors de l'eau. J'ai tellement paniqué qu'il a fini par venir à mon secours, sans m'épargner ses moqueries par la suite. Pendant des années, j'ai fait le même cauchemar dans lequel je me noyais. Si mon propre père était capable de m'imposer des épreuves aussi cruelles, quelle sécurité pouvait-il encore représenter pour le jeune enfant que j'étais ? Je me suis plié à ses exigences et je me suis endurci de façon à ne plus compter que sur moi-même. J'ai renoncé à me plaindre. À partir de ce jour, je crois que je n'ai plus eu confiance en aucun adulte.

De toute évidence, ce père rigide et sans états d'âme avait au passage verrouillé toutes les potentialités affectives de son fils. Certes, l'enfant s'était résigné à dépasser cet épisode traumatique et avait consenti à intégrer le message éducatif paternel : devenir autonome au plus vite. Mais dans une autonomie en solitaire, établie aux dépens de sa capacité à s'engager dans une relation. Car toute relation peut être source d'une désillusion et, au pire, d'une souffrance à laquelle, pour lui, il était hors de question de s'exposer désormais.

Son expérience précoce d'une insécurité liée à un environnement vécu comme hostile lui avait forgé des défenses efficaces, certes, mais au prix d'un renoncement à l'espoir de se sentir rassuré dans le contact avec les autres.

Il vivait dans un état apparent d'inaffectivité, ne laissant rien paraître de ses émotions, toute émotion étant pour lui équivalente à une faiblesse. Il était devenu un « handicapé affectif » qui ne pouvait jamais s'autoriser à se laisser aller tant était omniprésente la crainte de souffrir. « À force d'avoir contenu mes sentiments, j'ai fini par m'interdire de ressentir quoi que ce soit. »

Du coup, sa capacité à communiquer était limitée au minimum qu'exigeait son insertion professionnelle. Citadelle imprenable, s'il ne souffrait plus du fait des autres, il évaluait sans illusions le degré pathétique de son isolement. Par la psychanalyse, il espérait retrouver dans le dédale de son enfance éprouvée les modalités de l'échange avec autrui qui le renvoyaient à sa mère, discrète et soumise. Car il avait désormais la conscience aiguë que cette vie stérile ne valait pas la peine d'être vécue : « Comment reprendre confiance en moi et dans les autres ? N'est-ce pas trop tard ? »

Il nous fallait reconstituer la partie vivante et manquante de lui-même enfant, celle qui avait coulé au fond du lac avec son enfance « perdue corps et biens ».

Nous pouvons avancer que cette obéissance aveugle qui avait été exigée de Clément, et dont la scène du lac n'était qu'un épisode parmi bien d'autres, ne lui avait pas permis d'affirmer sa personnalité, ni de s'épanouir dans des choix personnels. L'option éducative de son père prenait appui sur un « abus de pouvoir » qui, loin de protéger les enfants, leur imposait de se soumettre aux injonctions paternelles intolérantes à toute opposition.

Clément gardait de cette scène du lac la conviction de n'avoir pas été respecté, ni dans son corps, ni dans son immaturité. Pour ne plus se risquer à être soumis aveuglément à la volonté d'un autre, Clément avait renoncé à toute relation.

Paradoxalement, identifié à ce « père agresseur » dont il avait intériorisé les procédés, il annulait toute ébauche d'émotion en utilisant envers lui-même la coercition dont son père avait usé et abusé à son égard.

Tout enfant reste longtemps soumis au bon vouloir de l'adulte et se dégage progressivement de cette dépendance. Le seul problème qui se pose pour lui de façon permanente concerne les degrés de « sécurité » ou d'« insécurité » avec lesquels il lui faut compter dans son environnement immédiat. Le risque de l'excès de sécurité, mais également d'insécurité, a pour effet de le paralyser dans ses tentatives d'exploration du monde. Le rôle éminent des parents consiste essentiellement à aménager un univers rassurant, qui préserve la capacité progressive de l'enfant à se séparer d'eux.

Françoise Dolto insiste sur le fait que « cette première éducation qui consiste à poser les limites est ineffaçable dans la mesure où c'est elle qui va structurer la personnalité de l'enfant, sa façon d'être dans la vie ». Ainsi, ne pas tolérer chez un enfant un certain degré de désobéissance dans son jeune âge (comme l'illustre l'attitude rigide du père de Clément) revient à transformer une revendication naturelle du jeune enfant en un renoncement à tout désir ou, à l'inverse, en un désir de transgression remis à plus tard, dans une adolescence qui peut se révéler problématique.

Nous pouvons parier sur le désir intense de changement de Clément, atout irremplaçable pour lui permettre de dépasser la souffrance du petit garçon qu'il protégeait toujours en lui. Petit garçon que trop de méfiance, justifiée par ce qui lui avait été infligé, empêchait d'aller vers les autres.

L'enfant rebelle

Refuser à un enfant de 8 ans qu'il soit accompagné lors des contraintes de la vie quotidienne sous prétexte qu'il a atteint l'âge de raison n'est pas forcément un acquis appréciable pour l'enfant lui-même, qui risque de le vivre comme un désintérêt de la part de ses parents.

Ainsi César, avant-dernier d'une famille de quatre enfants, petit garçon au comportement colérique, peu en rapport avec la maturité que chacun se plaît à lui reconnaître, autant à l'école où il est très populaire et où ses résultats sont plus qu'honorables, qu'à la maison où il intervient souvent dans les discussions familiales avec un humour très apprécié. Mais lorsque quelque chose le contrarie, César ne se contrôle plus et passe de la violence impulsive à la bouderie la plus tenace.

Rien n'y fait et, dans le meilleur des cas, il se barricade dans sa chambre et refuse toute proposition d'arrêt des hostilités, là où, pour lui, tout est bien évidemment « de la faute des autres », ses parents ou ses frères et sœurs. Il vit tout conflit sur un mode persécutif.

Les parents tirent une certaine satisfaction de leur priorité éducative qui consiste à mettre très tôt les enfants en situation de « se prendre en charge », qu'il s'agisse d'effectuer les parcours de la maison à l'école dès la maternelle, de prendre le petit-déjeuner, de s'habiller, de se laver et de se coucher seul, à heure fixe. Le rêve de tous les parents !

César se plie sans faillir à ces règles qu'aucun des autres enfants de la famille ne songe à contester.

Les parents, très accaparés par leur vie professionnelle, avouent voir assez peu leurs enfants, mais se rassurent par la réelle confiance qu'ils mettent en eux.

Mais lorsque je le vois seul, César exprime son point de vue avec plus de nuances.

Je l'interroge :

– Alors, que penses-tu de la situation ?

– Mes parents travaillent trop, je ne les vois pas beaucoup. Comme ils sont fatigués, même le dimanche matin ils nous disent de nous débrouiller seuls puisque nous savons le faire. C'était amusant au début, mais maintenant j'aimerais bien qu'ils s'occupent plus de moi. Un grand frère c'est bien, mais ça ne remplace pas les parents, surtout que souvent il exagère et nous commande.

Son grand frère a 12 ans, et je m'inquiète de ce que lui-même ressent à propos des responsabilités qui lui incombent.

César reprend :
– Mes parents ne sont presque jamais là pour voir ce qui se passe. La seule chose qui compte, c'est le carnet de notes, et on ne travaille jamais assez bien.
– Alors quand ils sont à la maison, tu t'arranges pour qu'ils te voient et qu'ils s'occupent de toi, n'est-ce pas ?
– Je ne sais pas si c'est comme tu dis mais, quelquefois, je suis très en colère et je ne peux pas me calmer.
– Et tu te sens très malheureux dans ces moments-là sans savoir comment le dire ni comment t'en sortir ?
– Oui, je crois bien que c'est ça.
– Bon, que penses-tu de cette idée : si je t'aidais à leur dire les vraies raisons de tes colères, peut-être que les choses pourraient changer ? C'est sans doute pour comprendre ce qui ne va pas qu'ils t'ont proposé de venir voir quelqu'un comme moi dont c'est le métier d'aider à comprendre. Nous pouvons essayer ensemble de trouver les bons mots pour apprendre à dire ce que tu ressens au lieu de le manifester par de la colère.
César acquiesce à ma proposition qui semble le sortir de son accablement.
Beaucoup d'enfants sont amenés à nos consultations pour un trouble du comportement, une baisse de leurs résultats scolaires ou pour tout autre symptôme qui devient préoccupant, et mobilise soudain la famille ou l'école. Il s'agit alors, pour nous professionnels, de traduire le message de l'enfant afin que le sens en devienne accessible aux adultes, et pour les aider à mettre en place une dynamique de changement.
En l'occurrence, les parents de César, dont les convictions en matière d'éducation étaient sans aucun doute respectables, ne prenaient pas la mesure de l'effort constant que cette obligation de « se prendre en charge » exigeait de leurs enfants. Ce garçon exprimait à sa manière la saturation que

tous les frères et sœurs ressentaient à des degrés divers. Mais lui projetait ce ressentiment dans des incidents répétitifs, sur des motifs futiles, alors que la cause était ailleurs.
De fait, il portait à lui seul le fardeau symptomatique d'un malaise général masqué par une hyperadaptation aux exigences des parents. Car les enfants se retrouvaient en quelque sorte livrés à eux-mêmes, et les conflits entre eux s'en trouvaient exacerbés, là où la présence des parents, médiation indispensable, leur manquait.
César vivait cette situation avec plus d'intensité que les autres, certes, mais il en est souvent ainsi dans les familles où l'un des membres témoigne à sa manière d'un vécu commun difficile, pour qu'un changement advienne enfin. Les parents avaient sans doute inculqué bien trop tôt à leurs enfants de s'autocontrôler et gérer leurs affaires en dehors de leur présence sécurisante. Ce faisant, ils déléguaient la responsabilité qui leur incombait aux enfants eux-mêmes, en une sorte d'« autonomie sur commande », équivalente à un conditionnement. Frustré d'une sécurité affective qu'il était en droit d'attendre, César s'autorisait à exprimer son amertume dans ses crises de colère. Son comportement caractériel pouvait ainsi s'interpréter comme une attitude défensive contre le risque de dépression.

Le surmoi

Pour revenir à l'autonomisation précoce, il nous faut nous attarder quelques instants sur cette instance, le surmoi, qui conditionne toute vie en société, qu'il s'agisse de la microsociété familiale ou de celle représentée par les collectivités dans lesquelles tout individu aura à s'intégrer.
Le surmoi est le garant de cette adaptation exigée par la vie sociale. Il nécessite de tenir compte de l'existence de l'Autre,

des autres, et exige un contrôle permanent de nos instincts et de nos désirs. Son absence signe, à l'inverse, une incapacité plus ou moins pathologique à accepter les contraintes inhérentes à la socialisation. Or, selon Sigmund Freud, « le surmoi dérive de l'influence exercée par les parents et les éducateurs dont il est le successeur et le représentant[1] ».
C'est en intériorisant progressivement « les interdits proférés par les adultes[2] » que l'enfant, dès 3 ans, met en place un surmoi dépositaire de ce que nous nommons la « conscience morale [...], instance qui observe, critique et interdit [...] À côté d'un déplaisir inévitable, il assure un gain de plaisir, une sorte de satisfaction compensatoire. »
Or il nous faut convenir que s'il n'y a pas d'éducation sans règles ni limites intégrées par l'enfant, il n'y a pas non plus d'accès à l'autonomie sans un certain degré d'opposition. Tout enfant doit, en effet, avoir fait provision de confiance en lui et d'une sécurité intérieure suffisante pour oser résister à la pression adulte, voire emprunter des chemins de traverse.
À sa manière, César remettait en cause sa soumission inconditionnelle à des exigences parentales qu'il contestait. L'histoire nous enseigne qu'une obéissance aveugle, sans remise en cause des ordres, a contribué à mener certains peuples à la plus tragique aliénation.

1. Freud Sigmund, *Nouvelles Conférences sur la psychanalyse*, Gallimard, 1984.
2. Vanier Alain, *Éléments d'introduction à la psychanalyse*, Nathan Université, 1996.

5

Autonomie précoce et somatisation

« Si on examine la nature des maladies on trouvera qu'elles tirent leur origine des passions et des peines de l'esprit. »

La Rochefoucauld

À côté des enfants qui assument, gardant éventuellement pour plus tard l'expression de l'angoisse que leur a value la nécessité d'une autonomie précoce, d'autres expriment leur malaise par le langage du corps. C'est est effet un moyen d'expression privilégié chez l'enfant.

C'est trop pour moi

Stanislas, 3 ans et demi, est amené à ma consultation par sa mère soucieuse de l'agressivité qu'il lui manifeste à la sortie de l'école. Mais pas uniquement, puisque la maîtresse se plaint elle aussi de son agressivité à l'égard des enfants de la classe.

C'est un petit garçon à l'apparence maussade et provocatrice, qui manifeste une opposition déterminée à tout ce qui

lui est proposé, même si cela paraît le tenter. Comme s'il s'autopunissait.
Stanislas est dans une école expérimentale où les enfants apprennent à lire dès 3 ans. C'est sa deuxième année, et il refuse de faire à la maison des exercices de lecture demandés par la maîtresse, ce qui laisse ses parents désemparés.
Il semble bien que son comportement se soit détérioré dès la rentrée de septembre. Sa mère relie l'apparition de son agressivité à une intervention chirurgicale qu'il a subie à ce moment-là : l'ablation de la chaîne des ganglions maxillaires, ordonnée par les médecins après une biopsie négative mais face à une infection récidivante. L'analyse des ganglions prélevés n'a toutefois rien révélé d'alarmant.
Stanislas accepte finalement ma proposition de faire un dessin libre, et il dessine une maison sans ouvertures, hormis une porte à barreaux, mais avec, en revanche, une cheminée rouge impressionnante dont sort une immense volute de fumée aux nombreuses circonvolutions, chaque boucle fermée étant remplie de couleur noire. Je suis aussitôt traversée par une association : ce chapelet renvoie à la chaîne des ganglions enlevés, dont persiste une longue cicatrice sous-maxillaire.
Je le remercie pour ce dessin qui explicite ses difficultés dans une forme d'expression visuelle propre aux enfants.
À ma question sur ce qu'il aimerait vraiment faire s'il en avait le choix, ce petit garçon à peine plus haut que mon bureau, le regard planté droit dans le mien, me lance avec une ferveur où perce l'ultime espoir d'obtenir mon adhésion : « Jouer, jouer et pas devenir grand. »
Ainsi donc, son aspiration légitime à jouer, aspiration commune aux enfants de son âge, le portait à s'exprimer dans et par son corps, qu'il mettait ainsi gravement en danger.
Sa maman justifiait son choix éducatif au motif de permettre

à Stanislas d'accéder par la lecture à une *autonomie précoce*, tremplin inestimable pour l'avenir, selon elle.
Il est un fait que nous vérifions avec nos très jeunes patients, à savoir que leur malaise se manifeste le plus souvent dans le seul langage qui soit à leur portée : un dysfonctionnement corporel. C'est ce langage psychosomatique que Stanislas, malgré son adaptation apparente, avait privilégié pour protester et exprimer sa révolte face au projet d'autonomisation précoce que ses parents avaient fait pour lui.
Encombré par cet apprentissage, il se trouvait comme empêché d'explorer toutes les autres capacités psychiques, en particulier la puissance de l'imaginaire indispensable à l'expression de sa vitalité. Il n'avait plus le temps de mettre « en jeu » ses capacités créatives, alors que jouer reste l'activité vitale de l'enfance.
Toute cette énergie contenue s'était alors retournée contre lui dans un symptôme d'automutilation inconsciente commune à toute maladie psychosomatique. C'est ainsi que pour Stanislas, la maladie intervenait comme une soupape de sécurité qui assignait enfin une limite à la pression parentale.
Aussi nous faut-il veiller à ne pas soumettre l'enfant à des apprentissages trop prématurés qui le calibrent « comme un robot », tout en bâillonnant sa curiosité et son sens de l'initiative. Sinon, il risque de ne plus pouvoir être librement ce qu'il est et tombe sous la menace de la maladie comme seul moyen d'expression.

Dans l'idée de faire passer le message aux parents et de leur interpréter l'impasse dans laquelle se trouvait cet enfant, je me devais de les mettre en garde contre l'escalade de symptômes organiques que leur exigence risquait de déclencher chez leur fils, déjà passablement « incompris » dans tous les sens du terme : dans son désir de jouer et dans la saturation manifestée par ses symptômes.

Françoise Dolto écrit : « C'est par l'intermédiaire des parents que peut se faire la réconciliation de l'enfant avec lui-même [...] rien n'est possible avec l'enfant tout seul, ni les parents seuls. C'est un travail de compréhension réciproque entre le spécialiste, les parents et l'enfant. »

Chercher à comprendre ensemble la relation singulière établie par ces parents-là avec cet enfant-là permet à l'enfant de ne pas se sentir « coupable de ce qui n'est pas dû à lui », et l'aide à réhabiliter ses propres désirs pour pouvoir les exprimer enfin, sans en passer par des symptômes corporels qui risquent de le mettre en danger. On voit, dans ce cas, à quels extrêmes un enfant peut être acculé, lorsque ses parents projettent sur lui leur propre désir sans tenir compte de l'immaturité psycho-affective spécifique à son âge.

En effet, dans un monde où tout est planifié à l'avance, y compris la naissance de l'enfant lui-même, ne sommes-nous pas tentés de lui faire brûler toutes les étapes dans un souci d'efficacité ? Plus vite il parlera, plus vite il lira, plus vite il deviendra autonome, et mieux il sera préparé à la compétition qui l'attend. Désir de rentabilité et de perfection fondé sur le narcissisme des parents et des éducateurs qui exigent du tout-petit une prise d'autonomie de plus en plus précoce, lui déniant de combler un droit essentiel : celui de prendre son temps pour construire une sécurité de base fondée sur son besoin d'amour et de réassurance[1].

Ainsi, l'« autonomisation précoce obligée », tout comme le gavage précoce des connaissances, ont pour effet regrettable de s'opposer au rythme propre à l'enfant, au risque de freiner ou de pervertir sa curiosité naturelle, dans laquelle s'origine l'autonomie véritable.

1. Buzyn Etty, *Papa, Maman, laissez-moi le temps de rêver*, Albin Michel, 1995.

Il en résulte qu'il se trouve contraint à développer des tendances qui procèdent d'un souci d'efficacité calqué sur le monde des adultes, efficacité qu'il n'a de cesse de mettre en échec.

Comme le dénonce Jean Baudrillard dans un de ses articles au titre évocateur, « Le continent noir de l'enfance » : « Le statut de l'enfant dans notre monde contemporain serait celui d'un enfant commodité, un enfant opérationnel, enfant clone qui a une existence satellite dans l'orbite du même. »

Ainsi se concrétise le règne du dressage précoce, auquel les enfants réagissent différemment. Chez certains, un « faux moi » calqué sur le désir des parents se met très tôt en place. Ils se prennent en charge, certes, mais risquent de payer très cher leur soumission et leur renoncement à la part authentique d'eux-mêmes.

D'autres, comme Stanislas, se rebellent par l'expression de tout un cortège de symptômes psychosomatiques, pour exprimer leur saturation... sinon leur détresse, alors qu'il suffirait de les laisser évoluer à leur rythme.

Pour conserver le lien

Arthur est le dernier d'une fratrie de quatre enfants, né dix ans après le troisième. Il est âgé de 8 ans et demi, et m'est adressé par son médecin pour un comportement obsessionnel. Il est sous l'influence d'un rituel, une trichotillomanie qui consiste à s'arracher un à un cheveux ou poils de sourcils.

Sa mère, encore très jeune pour ses premiers enfants, a le sentiment de ne pas les avoir investis comme elle aurait dû le faire à l'époque, ce qui n'est pas sans la culpabiliser.

Aussi l'arrivée d'Arthur la comble-t-elle au point qu'elle instaure avec lui une relation très fusionnelle. De surcroît, son mari n'était pas consentant pour avoir un enfant aussi tardivement, réticence qu'elle compense à sa manière, en maintenant le père à distance de son fils.

Ce qui frappe d'emblée, c'est l'ambiguïté qui préside à la relation mère-fils : la mère se montre très envahissante dans ses manifestations affectives, au point d'empiéter physiquement et psychiquement sur son espace à lui.

Arthur y consent à contrecœur jusqu'à ce que, saturé, il rejette avec violence cet envahissement que sa mère lui impose, avec une insistance et un aveuglement difficilement supportables.

À un moment, il lance à sa mère sur un ton excédé où perce un réel désespoir :

– C'est de ta faute si je suis *malade*, tu n'as pas confiance en moi, tu ne m'as jamais laissé libre de faire quoi que ce soit, et dans la rue tu me tiens encore par la main, j'ai honte devant mes copains.

Véritable saturation ressentie par Arthur comme le privant de tout espace de liberté, dont ses copains, eux, bénéficient.

Après avoir trop longtemps fonctionné dans la fusion induite par le désir maternel, Arthur dénonce à sa manière que les liens entre lui et sa mère ne sont toujours pas tranchés. Une mère bien peu coopérante, qui veille à conserver un contrôle permanent sur son fils. Paradoxalement, il apparaît qu'Arthur souffre d'une incapacité à quitter la maison et en particulier à se séparer de sa mère.

Aussi ressent-il une douloureuse ambivalence entre le désir de se soustraire à l'empiétement maternel, et la réassurance que cet amour comblant et inconditionnel lui apporte.

Tourmenté en permanence par la crainte de la séparation qui renvoie à la perte de la mère pour le bébé qu'il a été, il entretient le lien en régressant à un stade où, porté par elle, il lui tiraillait les cheveux. Ce qu'il continue à faire sur lui-même.

Ainsi « se raccroche-t-il symboliquement à sa mère, dans un symptôme compulsif inconscient qui peut s'interpréter comme l'équivalent d'un déni de la séparation [1] ».
La problématique d'Arthur illustre bien à quel point la relation symbiotique mère-enfant peut être destructrice si la mère n'aménage pas un espace suffisant pour que le monde extérieur et ses richesses représentées par le père deviennent accessibles à l'enfant.
Pour revenir au père, l'importance de la place qui lui est laissée dans le discours de la mère n'est plus à démontrer. *A fortiori*, comme modèle d'identification pour un garçon passablement débordé par une mère envahissante dont il se sent l'otage.
Cette prise de conscience lors de sa thérapie lui permettra de se dégager de la vampirisation maternelle, au profit d'un rapprochement avec son père. Condition essentielle pour permettre à Arthur de développer sa capacité à s'individuer.

Pour réunir ses parents

Cédric, enfant unique de parents séparés, est un garçon de 10 ans qui obtient d'excellents résultats scolaires et n'éprouve aucune difficulté à se maintenir en tête de sa classe malgré son année d'avance.
Il aime la compétition et il est tout aussi doué en sport, en particulier au ping-pong, qu'il pratique plusieurs heures par semaine, en vue de tournois où il est toujours bien placé.
Accompagné par sa mère, il consulte pour des angoisses nocturnes tenaces, sources d'insomnies fréquentes. En outre, il n'a jamais pu se résoudre à dormir en dehors de chez lui. À plusieurs reprises, sa mère ou son père ont dû aller le chercher en urgence chez un copain, à la tombée de la nuit. De

1. Gaddini Renata, « Le Déni de la séparation », *L'Arc*, n° 69.

classe de nature ou de colonie de vacances, il n'a bien sûr jamais été question à ce jour.
Paradoxalement, Cédric est un enfant très autonome et d'une grande maturité pour son âge : depuis longtemps déjà, il circule seul et sans appréhension dans le métro et en ville. Il se retrouve souvent seul aux repas qu'il prépare lui-même, parfois aussi pour son père ou sa mère. Peu dépendant de ses parents, il se sent curieusement préoccupé par eux en permanence, à croire que les rôles seraient inversés. Ses parents se sont séparés lorsque Cédric avait 2 ans, et depuis se déchirent, dans tous les domaines, au point que la communication entre eux est impossible.
Il est toujours ponctuel à ses rendez-vous.
– Ma mère, dit-il, analyse chacun de mes gestes et s'inquiète toujours à mon sujet pour n'importe quoi. Mon père, lui, ne parle pas beaucoup, et je ne sais jamais ce qu'il pense ou s'il s'intéresse vraiment à moi.
D'après Cédric, si la mère ne cessait de dévaloriser le père aux yeux de son fils, la tactique du père était plus subtile. Il se contentait de répéter inlassablement : « Ta mère est folle. »
Un jour, son père me téléphone pour m'annoncer, sur un ton alarmé, que Cédric ne viendra pas à sa séance de psychothérapie car il doit subir des radiographies suite à une douleur aiguë au genou. Malgré des examens complets, aucune lésion n'est décelée, et Cédric arrive en boitant à mon cabinet pour sa séance. Il a dû interrompre son entraînement de ping-pong qu'il ne peut plus pratiquer. Il est devenu totalement dépendant de ses parents pour ses déplacements.
Je suis frappée par le fait qu'ils accompagnent ensemble leur fils à la séance suivante, et que ce dernier paraît apprécier leur présence, au point d'en rajouter sensiblement dans

le registre de la douleur : il boite beaucoup plus qu'à l'habitude !
De fait, les parents font subitement bloc autour de leur fils et de son symptôme invalidant. Et Cédric en tire un bénéfice secondaire certain : celui de les voir enfin communiquer, même si ce n'est qu'au sujet de son handicap momentané. Grâce à cette régression psychosomatique, Cédric se pose en médiateur du couple chaotique de ses parents.
Lors d'une de nos séances, il dessine les têtes de ses parents, et entre eux, dans un cercle, la sienne. Sur ma demande, il commente son dessin :
– Mes parents me lanceraient de l'un à l'autre.
– Ah oui ! Comme si tu étais toi-même une balle de ping-pong ?
Cédric, d'abord perplexe, acquiesce en souriant et ajoute :
– Mais moi, cela me manque beaucoup de ne pas pratiquer mon sport préféré, je ne fais pas exprès d'avoir mal au genou. Et en plus, maintenant, je ne peux plus rien faire tout seul comme avant.
– Alors, si tu as mal au genou et que tu ne peux plus pratiquer le ping-pong, c'est peut-être bien pour ne plus « jouer leur jeu » et les forcer à faire un *break* entre eux ? Seule façon pour toi de redevenir le petit Cédric d'avant que tes parents ne se quittent, tu ne crois pas ? C'est peut-être bien la souffrance que tu ressens depuis leur séparation, et que tes parents ne voulaient pas entendre, qui te fait avoir une vraie douleur au genou, équivalente à celle que tu as dans la tête depuis longtemps. Une douleur qu'ils sont bien forcés cette fois de reconnaître. Maintenant que tu as fait en sorte que tes parents se parlent, tu vas peut-être pouvoir retrouver ce plaisir que te procurait le ping-pong et dont tu es privé. Parfois, lorsqu'on ne peut pas exprimer ce que l'on ressent, ses sentiments cachés, la seule façon de le faire, c'est avec son corps.

Nous savons à quel point, pour dire leur mal-être, leur mal à vivre, les enfants n'ont souvent d'autre alternative que d'en passer par la somatisation, qui peut prendre la forme d'une maladie grave comme dans le cas de Stanislas.
Les paroles du psychanalyste permettent à l'enfant de sortir de la douloureuse confusion où il se trouvait depuis si longtemps, et l'aident à passer du registre somatique au registre verbal.

À partir de cette séance, certains progrès apparaissent : Cédric accepte d'abord d'aller passer une nuit chez une grand-mère, puis étend son champ d'expérience à d'autres membres de la famille et projette de dormir d'ici peu chez un copain.
Ainsi, ce garçon, qui paraissait « bien sous tous rapports » et conforme aux vœux de nombreux parents, ne s'en comportait pas moins comme un petit enfant en détresse. Au point de n'avoir toujours pas pu se séparer de son doudou pour dormir, signe d'une certaine immaturité psycho-affective.
Cédric, parfaitement autonome et adapté aux contraintes de la vie quotidienne qu'il gérait remarquablement, était resté fixé à sa petite enfance pour tout ce qui concernait son affectivité. Sans doute dans le désir inconscient de retrouver son vécu d'avant la rupture du couple parental.
Sa phobie de la séparation d'avec ses parents, replacée dans le contexte familial, représentait en soi un symptôme digne d'attention : il ne pouvait pas les quitter comme pour surveiller ce qui se passait entre eux et les garder réunis symboliquement. Mais malgré son attente, et comme rien ne changeait, Cédric s'était trouvé acculé à exprimer l'impasse parentale dans un autre langage, celui du corps de ses 2 ans, comme le font généralement les enfants très jeunes, avant la maîtrise du langage parlé. D'où la somatisation autour du genou, assez alarmante pour mobiliser l'attention de ses

parents, enfin d'accord sur la priorité que leur fils représentait pour eux. Garant du couple parental, Cédric avait enfin réalisé son désir inconscient : rapprocher ses parents.

Il est exceptionnel qu'un enfant ne revendique pas, même après de nombreuses années de séparation, de voir ses parents « ré-unis ». Est-ce pour se convaincre que ce temps a bien existé que Cédric ne résiste pas au besoin de me montrer des photos de ses parents « du temps où ils étaient amoureux », photos qu'il garde précieusement sur lui ?

Néanmoins, lorsqu'un couple a pris la décision de se séparer, il importe que chacun des parents respecte cette part de l'autre qui fonde l'identité même de l'enfant. Car celui-ci se trouve être constitué biologiquement et symboliquement de son père et de sa mère à parts égales. Si l'un des parents dévalorise son ancien conjoint aux yeux de l'enfant, c'est l'enfant qui se trouve amputé de la moitié de lui-même. Alors, imaginons ce qu'il subit lorsque son père et sa mère, au lieu de censurer leur ressentiment, se laissent aller à tous les excès critiques. L'équilibre que l'enfant doit se construire en référence à ses parents se trouve dès lors bien mis à mal, sinon rendu impossible : car comment éviter le conflit de loyauté vis-à-vis de chacun d'eux ?

C'est en partie ce que vivait Cédric pris en étau entre les dévaluations mutuelles de ses parents qui, loin de le ménager, tentaient de l'influencer chacun à sa manière, le précipitant dans une insécurité affective source d'une angoisse incoercible.

Or c'est dans ce rapprochement provoqué entre son père et sa mère, enfin solidaires à son propos, que Cédric trouve un certain degré de réconfort : le moyen de vérifier qu'ils ont été unis un jour pour devenir ses parents et qu'ils le resteront quoi qu'il arrive.

6

Autonomie et disponibilité des parents

> « Avant de devenir adulte, chacun de nous sans exception a été un enfant. Pourquoi l'avoir oublié ? »
>
> Elszbieta

Que l'enfant soit autonome peut garantir la tranquillité des parents. Ils ont tout loisir de se consacrer à leurs occupations avec un enfant qui ne « dérange » pas par ses besoins et semble ne rien demander – ou avoir pris son parti de ne rien demander.

Personne à qui parler

Sébastien, 13 ans, a accepté d'accompagner sa mère à ce premier rendez-vous où celle-ci expose la relation conflictuelle que son fils entretient avec les membres de sa famille : sa mère, son père et son frère, plus jeune de deux ans.
Sa mère se dit « incapable de repérer le détail qui va déclencher une scène », qu'en désespoir de cause elle attribue à l'instabilité émotionnelle de Sébastien et à sa rigidité. Car,

selon elle, il est « intolérant à tout changement et ne partage rien avec les autres ».
Entre lui et sa mère, qu'il essaie d'ignorer, la tension est extrême et guère propice au dialogue !
– Le conflit n'épargne aucun de nous, poursuit sa mère. Sébastien s'estime toujours incompris et justifie ainsi la stratégie qu'il a mise en place pour s'isoler de nous : il s'enferme dans sa chambre avec un panneau « INTERDIT » sur la porte, suffisamment explicite pour décourager toute tentative d'incursion de notre part.
Sébastien renchérit, sur un ton où perce un cynisme de circonstance : « Comme de toute façon personne ne me comprend, c'est la seule solution que j'ai trouvée pour protéger ma chambre et ne pas être embêté. »
Pressentant que la séance va tourner court s'il se sent trop exposé, je propose à Sébastien de le voir seul pendant que sa mère patientera dans la salle d'attente, ce qu'il accepte avec un soulagement évident.
Lorsque nous nous retrouvons seuls, il abandonne d'emblée son air excédé, et évoque spontanément ce qui semble bien représenter pour lui le cœur du problème :
– Ma mère n'est jamais disponible, et ne s'intéresse pas à ce que je fais, tout en attendant que moi, je m'intéresse à ce qu'elle fait et aime. Elle n'écoute qu'elle-même. Il n'y a pas assez d'échange entre nous. Je suis autonome depuis le CE1. C'est trop. Si je n'étais pas doué de naissance (!), j'aurais redoublé depuis longtemps déjà !
Sébastien a retrouvé toute sa verve et s'exprime avec une aisance teintée d'humour.
– Et avec votre père, ça se passe comment ?
– Avec mon père je suis habitué, ça a toujours été comme ça : ou bien il travaille et n'est pas là, ou s'il est là, c'est devant son ordinateur. Bien sûr, lui et moi, nous aimons tous les deux l'informatique, mais ce n'est pas suffisant.

J'aimerais bien le connaître mieux. Et puis il fume trop, et je m'inquiète pour lui. Mais il n'a pas assez de volonté pour s'arrêter. D'ailleurs, maman dit que papa est « en acier inoxydable » et que rien ne l'atteint !

– J'ai l'impression que vous n'avez jamais trouvé le moyen de discuter de cela avec vos parents. Peut-être aimeriez-vous profiter de notre rencontre pour informer votre mère de votre besoin de vraie communication ?

– Je suis d'accord pour la mettre au courant, mais que cela se fasse sans moi. Que ce soit vous qui lui disiez, et que vous lui demandiez comment elle souhaite que je change.

La bonne volonté inattendue de Sébastien m'apparaît de bon augure.

Pendant que je vais poursuivre l'entretien avec sa mère, je demande à Sébastien s'il consent à faire un dessin libre, ce qu'il accepte volontiers.

Ayant endossé ce rôle de médiation, j'expose à la maman la difficulté que son fils ressent comme un manque de communication évident entre lui et ses parents, ou du moins comme une forme de communication à sens unique, où ses désirs et ses intérêts tiennent bien peu de place.

Et à ma grande surprise, sa mère d'abord interloquée adhère au point de vue de son fils :

– C'est vrai, j'impose trop souvent mes goûts et mes intérêts sans jamais les questionner sur les leurs. J'agis de façon très égocentrique, mais aussi dans un souci éducatif pour les ouvrir à d'autres choses : la politique, la culture. Mais il a raison, je ne m'informe jamais sur leur vie scolaire ou amicale, leurs petits tracas quotidiens. Et comme leur père est mutique, et renfermé sur ses préoccupations personnelles, Sébastien, et peut-être même son frère, doivent se sentir assez abandonnés. D'ailleurs, même la télévision, il la regarde seul ou avec son frère en haut de la maison. J'ai même pensé à en acheter une supplémentaire pour éviter les conflits, car ils ont

la télévision chaque semaine à tour de rôle dans leur chambre. Moi, j'aime avoir la paix et regarder ce qui m'intéresse sans être dérangée. C'est mon seul moment de tranquillité.
Je me risque à lui faire remarquer qu'en s'isolant dans sa chambre, Sébastien ne fait peut-être que reproduire le comportement de ses parents.
Et pendant que cette jeune femme expose avec la plus grande honnêteté du monde ses motivations, en même temps qu'elle accepte l'analyse pertinente de la situation faite par son fils, j'imagine chacun des membres de la famille isolé dans son coin. Et je peux aussi m'identifier spontanément à ce que ressent Sébastien : un sentiment légitime de mise à l'écart apte à générer une agressivité qui s'exprime à la première occasion.

Après cet échange fructueux avec la mère qui a pris conscience des attentes déçues de son fils, Sébastien me rejoint dans le bureau que celle-ci vient de quitter.
Il me tend son dessin : un labyrinthe au crayon noir avec une entrée et une sortie. À ma question de savoir où il se situerait dans ce dessin, il répond :
– Je serais au milieu du labyrinthe.
Et il ajoute un gros point noir au centre, avec au-dessus un point d'interrogation. Je demande :
– Que pourriez-vous bien dire ?
– Je ne dirais rien, j'aurais personne à qui parler !
Comme beaucoup d'adolescents, face à ce qu'il ressent comme un manque crucial de communication dans sa famille, Sébastien renonce à revendiquer sa place. De sorte que « Mes parents ne m'écoutent pas » se transforme en « Je n'ai rien à leur dire ».

Tout comme un jeune enfant qui n'aurait pas encore un libre accès au langage, c'est par le truchement de ses crises

que Sébastien exprimait sa rancœur pour ce qu'il ressentait comme de l'indifférence de la part de ses parents.
N'ayant pas eu son compte en termes de « soutien rassurant », il défendait, en s'isolant, son espace psychique en même temps que son espace physique. Il calquait en cela son attitude égocentrique sur celle de ses parents. Les enfants prennent modèle sur ce qu'ils perçoivent de la qualité de leur environnement mais aussi de ses faiblesses, ce que je nomme l'« effet boomerang ».
Certes, il se comportait de façon autonome depuis la fin du CP, mais le fait de se prendre ainsi en charge précocement revenait pour lui à ceci : « Puisque je n'ai pas pu compter sur mes parents, je me débrouille seul, mais on ne pourra pas compter sur moi non plus. »
D'où sa tendance au retrait et à tout garder pour lui. Désormais, et à sa manière, Sébastien se protégeait de la déception infligée par l'attitude de ses parents qui, selon lui, ne le reconnaissaient pas comme un sujet à part entière. Car si son père ne lui imposait rien, ni ne l'influençait en quoi que ce soit, sa mère, elle, se contentait de parler d'elle sans tenir compte de ce qui le préoccupait vraiment.
De surcroît, le père ne semblait guère valorisé dans la parole de la mère, essentielle pour garantir le rôle du père.
De fait, Sébastien ne reprenait sa place d'enfant qu'en régressant à l'état de petit garçon, pour répéter un scénario de conflit qui justifiait ensuite son isolement. Il maintenait ainsi ses parents à distance, tout comme ses parents se comportaient depuis toujours avec lui.
Or, lors de notre premier entretien, c'est bien parce que ses 13 ans lui permettaient d'accéder à une certaine lucidité qu'il avait trouvé les mots pour exprimer son mal-être. Il était temps d'interpréter son vécu éprouvant masqué par de l'agressivité, en lui redonnant tout son sens, à savoir la simple demande d'être reconnu et entendu.

Certains parents, guère conscients de ce qu'ils imposent à leurs enfants par cette « autonomie obligée », peuvent encore rattraper les choses, même à 13 ans. Mais il se peut que cela soit trop tard, que le mal soit irréversible, et qu'il y ait un risque de marginalisation. Si l'enfant s'est jusque-là comporté conformément au désir de ses parents, rien ne prouve que ce même comportement se poursuive dans les années à venir. Années d'adolescence où, dans le meilleur des cas, les enfants ne manquent pas de régler leurs comptes avec les adultes tutélaires, au pire de les provoquer en prenant des risques démesurés.

Sébastien, comme tout enfant, ne demandait rien d'autre que de rencontrer son père et sa mère sur un terrain commun. C'est bien là le devoir qui incombe aux parents : préserver un espace d'écoute et d'échange suffisant pour encourager l'enfant à s'exprimer librement et à forger ses propres repères. Une telle attitude évite bien des passages à l'acte inutiles et éprouvants, voire dramatiques.

Un tel constat nous engage à ne pas négliger l'importance pour l'enfant et l'adolescent de cet accompagnement affectif parental qui réside dans l'écoute attentive et le souci de communiquer vraiment.

Quelque temps après cette consultation, la mère de Sébastien me téléphone pour me remercier. Elle a, dit-elle, pris conscience de la demande légitime de son fils et a fait passer le message au père. Grâce à leurs efforts conjugués, la complicité qu'elle partage avec Sébastien la comble. Au point de gratifier son fils, auquel elle ne manque jamais de dire qu'il est un « super ado » ! Tout est bien qui finit bien...

Mais que fait ma mère ?

Accompagné de sa mère, Louis, 10 ans, vient consulter pour une baisse de ses résultats scolaires, malgré des capacités intellectuelles qui ne se sont pas démenties jusqu'à ce jour. Ce qui explique que ses parents aient été alertés par ce désinvestissement inaccoutumé de sa part.

Louis a une sœur de deux ans son aînée, très brillante, et de ce fait très valorisée par ses parents.

Lorsque je l'interroge sur ce qu'il ressent de sa difficulté actuelle, Louis réfléchit un moment, puis s'explique :

– Je me sens différent des autres de ma famille. Tout le monde est intellectuel, mais pas moi. Moi je suis un sportif. Je ne suis pas comme vous trois, lance-t-il à sa mère.

Dès que nous sommes seuls dans mon bureau, je l'engage à m'en dire davantage, et il poursuit :

– Je ne veux pas être un intellectuel comme mes parents, ils travaillent trop, surtout pour payer les factures d'après ce qu'ils disent... Ils n'ont pas le temps de vivre. Ma mère est trop stressée, cela m'inquiète beaucoup, et j'ai l'impression de ne pas pouvoir l'aider. Elle voyage souvent très loin, et n'est jamais disponible. En fait, je voudrais une mère plus « zen ». Il faudrait qu'elle y mette du sien ! Malgré les efforts de mon père qui sait s'organiser, nous sommes souvent seuls à la maison, et je n'aime pas ça.

Sur ma proposition, Louis accepte de faire un dessin et produit la statue de la Liberté, avec à ses pieds deux petits bonshommes, dont l'un en déséquilibre semble se tordre le cou pour percevoir le haut de la statue.

À ma question sur ce qu'il peut en dire, Louis répond :

– Le petit en bas ça pourrait être moi, à côté ma sœur. En

fait, le petit bonhomme essaie de toutes ses forces d'apercevoir la tête de la statue.
Il ne me paraît pas utile d'expliciter ce dessin au contenu symbolique évident ; il est clair que Louis voulait signifier de la sorte à quel point sa mère, idéalisée et placée de ce fait sur un piédestal, lui était inaccessible...
En outre, la notion de liberté symbolisée par la statue apparaissait chargée de toute l'ambivalence de Louis : qui était réellement libre dans cette affaire ? Sa mère, peut-être, par les priorités de carrière qu'elle s'était choisies. Priorités contestables pour Louis, aux yeux duquel cette liberté se révélait être un piège pour toute la famille.
Par son refus scolaire, Louis remettait en cause le modèle familial, un modèle dans lequel il ne se reconnaissait pas. Certes, il ne prétendait pas être privé d'affection, mais plus simplement de la présence maternelle, malgré tous les efforts de son père pour combler le manque.
Mais il en est souvent de même lorsqu'il s'agit d'un père absent, les enfants revendiquant à parts égales l'investissement de leurs deux parents, qui pour eux ne sont pas interchangeables, même si la tendance est de partager les charges familiales. Les rôles ne sont pas identiques, les archétypes résistent à l'épreuve du temps et le conformisme des enfants ne s'y trompe pas.
Ainsi cette fillette de 10 ans qui, à l'évocation de l'activité professionnelle intense de chacun de ses deux parents, ajoutait avec un soupçon de regret : « Le rôle des pères c'est de partir travailler, et le rôle des mères c'est d'être plus à la maison. » Confirmation s'il en est que, dans l'esprit des enfants, c'est à la mère que revient le redoutable privilège d'être porteuse de la permanence affective.
Il nous faut convenir que malgré la nouvelle distribution des rôles, les enfants restent les gardiens vigilants des schémas classiques, même révolus.

Et cette conviction résiste à l'emprise du temps pour s'exprimer encore chez des adultes qui, malgré une adaptation réussie à la réalité, ne se sont toujours pas totalement affranchis d'un vécu infantile qu'ils jugent avec intransigeance.
– Je ne reproduirai pas avec mon fils ce que m'a fait ma mère, annonce avec détermination cette jeune femme de 35 ans, mère d'un enfant de 3 ans.
Elle poursuit :
– Ma mère n'a jamais été là quand je rentrais de l'école. Je rêvais simplement de goûter en sa présence. Cela ne s'est jamais produit, et trente ans après, je le ressens encore. Je me souviens même d'une époque où, à l'adolescence, je traînais volontairement dans les rues pour rentrer après elle, et ne pas me retrouver seule à l'attendre à la maison. Souvent en vain, car elle arrivait encore plus tard que moi ! C'était désespérant, et je n'ai jamais pu m'y faire.
Cette jeune femme en était venue à la conclusion que seul un changement de son rythme de vie pouvait lui permettre de concilier travail et présence auprès de son enfant. Son projet était désormais arrêté : elle partait avec son compagnon et leur fils s'installer en province, là où le temps de transport ne constituerait plus un handicap insurmontable pour être à l'heure à la sortie de l'école. Cette priorité exigeait du couple certains aménagements de leurs ambitions professionnelles. Peu de chose, selon eux, en regard du bénéfice qu'ils allaient en tirer sur le plan de leur qualité de vie.
Et la jeune femme de conclure avec éloquence et conviction :
– Je ne me résignerai jamais à imposer à mon fils les mêmes frustrations. En tant que parent, je me sens libre de faire un autre choix de vie pour réparer à travers mon fils ce que je n'ai pas reçu enfant.

L'enfant qui attend

Florence est une jeune femme de 30 ans qui consulte pour un symptôme dépressif sévère. Son état influe autant sur son travail qu'elle ne peut plus assumer, que sur ses implications affectives. Aussi, après des aventures sentimentales chaotiques, ponctuées de plusieurs tentatives de suicide, elle n'envisage pas son mariage prochain avec sérénité, mais panique à l'idée de devoir affronter son rôle de femme et de mère.

Et pour cause. En effet, l'évocation de son enfance apporte des éléments qui donnent sens à son désarroi, compte tenu de ce à quoi elle a été précocement confrontée : l'absence de sa mère.

Personnalité très instable, celle-ci laissait Florence du jour au lendemain à la garde de son père pour s'absenter pendant des périodes variables, et vivre ses nombreuses aventures sentimentales. Elle revenait de la même manière, sans prévenir ni s'en expliquer.

Florence assumait à elle seule la charge de la maison, pendant que son père s'occupait de son commerce, et vivait sa vie de son côté, en attendant patiemment le retour de l'épouse volage. De sorte que la fillette se retrouvait souvent livrée à elle-même, et isolée, dans cette petite ville de province où les incartades de sa mère la discréditaient aux yeux des autres enfants et de leur famille.

Aussi loin qu'elle se souvienne, Florence subissait les absences maternelles sur un mode abandonnique, sans avoir la moindre idée de ce qu'elle représentait pour sa mère.

Dès qu'elle avait su écrire, elle avait mis en place un stratagème qui consistait à rédiger des petits mots destinés à sa mère. Messages d'amour discrets qu'elle dissimulait dans différents endroits de la maison, dans l'espoir qu'ils soient découverts par celle-ci à son retour. Elle contrôlait régulièrement si ses caches avaient été visitées et ses mots découverts, façon de vérifier si sa mère n'était pas rentrée et repartie à son insu.

Ses espoirs toujours déçus provoquaient en elle une angoisse de perte d'amour. Pendant ces attentes interminables, durant son enfance et son adolescence, elle tentait désespérément d'exister par le truchement de ces missives, symboles de la fragilité du lien mère-fille. Mère quelque peu défaillante sur le plan de l'investissement maternel...

« Mais, me confiait Florence, encore éperdue de désespoir et submergée par les larmes, vingt ans après, les mots restaient à leur place, et je n'avais aucune preuve sur le fait que ma mère en ait pris connaissance ou non. »

Car les marques d'affection tant espérées ne venaient jamais. Et lorsque la mère était de retour, sa fille, par une sorte d'inversion des rôles, s'appliquait à être aux petits soins avec elle, n'aspirant qu'à la retenir, nostalgique qu'elle était d'une dépendance dont elle avait été frustrée trop précocement.

Une des pires épreuves auxquelles un enfant puisse se trouver confronté, c'est de se sentir ignoré et de se vivre comme rejeté en s'attribuant la responsabilité d'une faute inconnue de lui. Il en ressent une telle culpabilité que c'est toute la question de l'estime de soi et du narcissisme, dont l'enfant a le plus grand besoin pour se construire un moi fort, qui reste en suspens... comme en attente d'une reconnaissance qui viendrait enfin combler un vide insupportable.

Fort heureusement, Florence gardait le souvenir ému d'une jeune institutrice qui avait été pour elle un substitut précieux pendant ses premières années de scolarité, scolarité qu'elle avait pu investir grâce à cet apport affectif inestimable pour elle. Comme beaucoup d'enfants, elle avait compensé à l'extérieur le manque affectif qu'elle ressentait cruellement au sein de sa famille. La liberté dont elle disposait sans contrôle ni limites, Florence n'en avait que faire. Il est probable qu'elle avait toujours lutté comme elle le pouvait pour survivre à une dépression proche de l'effondrement psychique. Une dépression pour laquelle elle venait demander de l'aide, et que seul pouvait guérir l'apport d'un étayage maternel dont elle avait été frustrée à un âge précoce.

C'est seulement à cette condition d'un travail sur elle-même que Florence avait une chance de se libérer de son passé douloureux et de se réparer, ou du moins de réhabiliter la petite fille en elle, pour pouvoir sans angoisse assumer son avenir de femme et de mère. À ce jour, mariée, elle a trois enfants dont elle assume l'éducation avec sérénité.

L'enfant risque-tout

Un enfant exposé à un excès d'autonomie, sans frustration ni limites, peut être tenté de s'engager dans une escalade de transgressions dangereuses pour lui, en s'aventurant sans cesse plus loin. Et cela jusqu'à la mise en cause de sa propre vie.

Laura, 11 ans, m'est adressée après un incident qui a alerté son entourage. Alors qu'elle était, comme à l'accoutumée, seule chez elle après l'école, des voisins l'ont aperçue marchant sur le rebord extérieur de l'immeuble surplombant la rue du quatrième étage où se trouve l'appartement familial. Atterrés, les témoins ont aussitôt prévenu le gardien du bâtiment qui est intervenu de justesse.

Je reçois donc cette fillette qui s'exprime avec facilité, et dans un langage étonnamment lucide pour son âge. Enfant unique, elle se vit comme « abandonnée » par ses parents qui, dit-elle, en fonction de leurs obligations professionnelles

« me déposaient, petite, comme un paquet » chez la nourrice du moment.

De sa petite enfance, Laura conserve avec acuité le sentiment de n'avoir fait qu'entraver la liberté de ses parents et de n'avoir jamais représenté une quelconque priorité pour eux.

C'est une fillette déjà prépubère, au corps plus qu'enrobé, et qui donne l'impression de faire plus que son âge à tous égards.

Elle décrit sur un ton fataliste la monotonie de ses journées, en particulier ses retours de l'école, où elle se retrouve seule pendant de longues heures, souvent jusqu'au soir. Lorsqu'elle est livrée à elle-même, Laura comble le vide en se préparant « des kilos de pâtes » qu'elle avale compulsivement devant la télévision, sa seule compagnie.

– Je ne peux pas m'en empêcher, c'est la seule chose qui calme mon angoisse et la peur que mes parents m'oublient. Parfois, ils me téléphonent pour me prévenir qu'ils ne peuvent pas rentrer pour le dîner, et je me couche sans les avoir vus.

La solitude de Laura, apparemment si peu investie par ses parents, semble être en grande partie responsable d'un état dépressif qui la conduit à mettre sa vie en danger, comme lors de cette prise de risque insensée.

Ce qui me frappe, c'est le regard désabusé qu'elle porte sur elle-même et sur les autres, en particulier sur les enfants de son âge dont, pour certains d'entre eux, elle envie l'insouciance. Une insouciance qu'elle a dû abandonner très tôt pour se prendre en charge, puisqu'elle n'a pas eu d'autre choix.

Elle ressent, dit-elle, quelques difficultés à se lier avec des enfants qu'elle estime favorisés sur le plan de la présence parentale, en même temps qu'elle les juge trop « bébés » pour elle.

L'entretien avec ses parents en instance de séparation n'apportera aucun démenti au discours de Laura, hormis une totale méconnaissance de ce qu'ils exigent de leur fille sur le plan de son adaptation à leur rythme de vie. Méconnaissance ou désintérêt ? Peu importe, dans la mesure où ils semblent parfaitement inconscients des risques qu'ils lui font courir et du lien évident entre leur mode de vie égocentrique et le peu de cas qu'elle fait d'elle-même, jusqu'à se mettre en danger de mort.
Laura avoue résister difficilement à la moindre sollicitation d'une personne adulte, homme ou femme, qui lui montre des signes d'intérêt, et le fait d'exister pour quelqu'un la bouleverse au point, dit-elle, d'être « prête à suivre le premier venu ».
La maman de Laura s'était trouvée enceinte d'elle à une époque où sa carrière administrative prenait un tournant décisif. Pour ne pas risquer de compromettre son ascension à des responsabilités qu'elle espérait depuis longtemps, elle dit n'avoir rien changé à sa vie pour cette grossesse qui ne représentait pas sa priorité du moment, mais qu'elle tenait néanmoins à mener à terme du fait de son âge.
Pour ce qui est de son mari, le désir d'enfant ne s'était pas imposé de façon impérative, trop peu disponible qu'il était pour une vie de famille. Ils avaient déménagé à plusieurs reprises depuis la naissance de Laura, en fonction de différentes affectations, pour limiter leurs déplacements professionnels quotidiens, imposant de ce fait à Laura des ruptures répétées avec ses nourrices, auxquelles elle n'avait guère le loisir de s'attacher. Cette enfant n'avait selon eux jamais « manqué de rien »... Sur le plan matériel, sans aucun doute, mais qu'en était-il de ses besoins sur le plan affectif ?
Un registre affectif nié, ou considéré par ces parents comme accessoire et signe de faiblesse, leur priorité consistant à survaloriser l'« intellect » au détriment du « ressenti » qui

régit les rapports des uns aux autres dans la société. Piégée par ce principe éducatif qui lui était imposé de ne rien laisser paraître de son désarroi à ses parents, Laura n'avait plus que le passage à l'acte pour les alerter et les forcer à prendre conscience de ce qui s'apparentait à un véritable signal de détresse.

Lucide et désabusée, Laura ne conservait guère d'illusions quant à l'empathie des membres de sa famille et à leur capacité de changement à son égard. À ma proposition de trouver une solution en commun avec ses parents, Laura rétorque :

– Ça ne sert à rien de leur parler, ils n'ont pas le temps ni l'un ni l'autre de s'occuper de moi. Comme toujours, ils vont me proposer de prendre une baby-sitter. J'en ai eu trop et je n'ai plus l'âge. Je sais tout faire toute seule et souvent mieux qu'elles.

Paradoxalement, la séparation du couple parental lui apparaissait comme la dernière chance pour elle d'occuper une place privilégiée auprès de chacun d'eux, ce qui n'était pas dénué de bon sens, et semblait lui redonner un dernier espoir.

Mais le mal était profond depuis longtemps et me rendait bien pessimiste quant aux risques liés à l'adolescence, et à ses expériences sentimentales déjà en ébauche.

Constat qui nous amène à nous interroger sur la place et la valeur de la transgression dans le développement psychoaffectif de l'enfant et de l'adolescent.

En transgressant les règles de sécurité les plus élémentaires, Laura défiait ses parents, et remettait en question l'adaptation dont elle avait fait preuve jusque-là, avec l'espoir probable d'un bénéfice secondaire : celui de compter enfin pour eux, même au point de se voir imposer des limites, preuve incontestable de leur intérêt pour elle.

Or, il n'y avait plus lieu pour Laura d'accepter une soumission qui n'avait aucune contrepartie affective, puisqu'avec le temps, elle avait acquis la conviction de ne pas intéresser ses parents. À sa manière, elle interpellait la protection dont ils étaient censés l'entourer. Son acte pouvait, dès lors, difficilement être interprété comme une simple transgression des limites, mais plutôt comme un ultime appel à l'aide. Tentative désespérée d'attirer l'attention sur elle par une prise de risque inconsidérée. L'enjeu était d'importance là où l'impression de manque affectif avait fini par prendre le pas sur son instinct de conservation.
Cette absence évidente des parents dans une vie sans exigences, ni limites, ni sanctions potentielles, Laura la ressentait comme un flou existentiel, une sorte de « tout est permis ».
Comme tout enfant, elle cherchait à ce qu'une autorité s'oppose à son sentiment de toute-puissance, et en ressentait une insécurité apte à lui faire perdre tout repère.
Il est à noter qu'une forme courante de consensus des parents à laisser « tout faire », là où cela les arrange, peut devenir très préjudiciable aux enfants, tant ces derniers éprouvent le besoin inverse et vital de « cadre » et d'« autorité » pour se sentir soutenus et ne pas tomber dans le piège du débordement des pulsions (qui chez Laura prenait la forme d'une pulsion suicidaire).
De surcroît, n'ayant pas bénéficié de la part de sa famille d'une écoute ni d'une communication véritable qui la rende capable d'élargir progressivement son champ social, Laura ne savait pas faire avec les autres. Sa façon à elle d'appréhender le monde s'était transformée en un passage à l'acte désespéré, ultime tentative d'exister aux yeux de ses parents et des autres.

Aller jusqu'à mettre sa vie en jeu était devenu pour elle l'équivalent de « Je transgresse donc j'existe », tendance qui

reste le propre de tout adolescent, dans une mesure acceptable. En effet, l'insoumission représente une nécessité pour faire la preuve de son autonomie, s'autoriser à porter un regard critique sur le monde, et sortir de l'impuissance à laquelle l'enfant et l'adolescent sont souvent réduits.
Cela s'exprime par un éventail de moyens très large, qui va de l'opposition purement formelle et inoffensive jusqu'aux transgressions extrêmes les plus dangereuses.
Paradoxalement, Laura se révoltait non pas contre l'excès d'autorité de ses parents, comme c'est souvent le cas dans la tendance à la transgression, mais bien plutôt contre leur indifférence.

On voit là combien les deux extrêmes confinent au même résultat pour l'enfant : pour s'épanouir, il doit, en effet, s'affranchir aussi bien de l'autorité abusive que du laxisme le plus déroutant. Car dans les deux cas, il ne se sent pas respecté en tant que sujet et, à ses yeux, sa vie n'est créditée d'aucune valeur honorable.
De sorte que pour permettre à l'enfant de passer par des expériences constructives d'autonomisation et de se libérer de la tutelle des parents, il doit pouvoir bénéficier de « certitudes » sur la place qu'il occupe dans sa famille, et sur un investissement affectif de qualité en sa personne.

7

Des détails qui n'en sont pas

« Secouer la tête pour dire non, pour ne pas laisser entrer les idées des gens. »

Jacques Prévert

À regarder le mode de vie contemporain des enfants et des parents, on est frappé de voir comment tout est mis en place pour accélérer l'autonomisation de l'enfant. Des détails certes, mais porteurs de sens, dont nous allons donner quelques exemples.

Tourner le dos

« Un bébé seul ça n'existe pas » écrivait Winnicott, qui par cette formule voulait signifier que le bébé ne peut pas s'envisager sans sa mère. Et qu'ils forment à eux deux une entité duelle qui a son autonomie propre. Le bébé a tout au plus besoin, pour exister et se sentir comblé, d'une paire de bras pour le porter et d'un sein pour le nourrir.

Afin de répondre au besoin de portage du bébé, contrairement à toutes les sociétés traditionnelles dans lesquelles on pratique depuis toujours le portage sur le dos, on a inventé le porte-bébé kangourou qui permet de le porter sur le ventre, sans l'avoir dans les bras. Il se retrouve alors le nez contre le torse de l'adulte qui le porte, et dans sa proximité physique, mais dans l'incapacité de regarder le monde. Comme le souligne Catherine Dolto, le porte-bébé ne dispense pas de soutenir d'une main le bassin et de l'autre la tête du bébé. Sinon, il est accroché, suspendu, mais pas tenu ni soutenu. Ce n'est pas un instrument de portage, mais un auxiliaire bien utile quand il permet, par exemple, de garder le bébé contre soi et sur les genoux, par exemple, tout en ayant les mains occupées, ou de le promener dès qu'il passe suffisamment de temps éveillé, la tête tournée vers le monde, adossé contre l'adulte qui le porte en même temps.

D'un autre côté, transat et autres coques de transport ont été conçus pour sa sécurité et son confort, mais aussi pour libérer les bras des parents et des personnes qui ont sa charge, surtout en collectivité. On peut ainsi « l'emmener partout ». Certes, mais lorsqu'on le déplace, comme la tortue, il emporte avec lui sa coquille, sorte de contenant prothétique, dans lequel il mange, dort, observe, joue, se promène, si pratique que de nombreux parents l'y laissent quasiment en permanence, au lieu d'en garder l'usage pour les moments où cela devient indispensable. C'est oublier plusieurs points essentiels qui stimulent le bébé dans la découverte de son autonomie en toute sécurité. D'abord, le fait que les changements de posture contribuent à rythmer sa journée. Ensuite, que ce siège *a priori* confortable et adapté à son corps, ne comble pas son besoin d'exploration et de mouvement, puisque seuls ses bras et sa tête sont mobiles. Or un bébé a besoin d'être allongé par terre pour expérimenter toutes ses possibilités physiques afin d'arriver peu à peu à se retourner, puis à s'asseoir et crapahuter. Auprès de l'adulte, mais libre d'évoluer sous son regard bienveillant, il acquiert une autonomie et une confiance en lui qu'aucun siège ne lui permettra de trouver. Ce que demande implicitement l'enfant, c'est « Regarde-moi faire tout seul ». Quand on voit un tout petit sur sa couverture, concentré sur les objets posés autour de lui et à la découverte des mouvements de son corps pour les saisir, on comprend mieux de quoi il est privé dans son transat. Cet accessoire ne comble ni son besoin de contact humain corps à corps, ni son besoin de mobilité, et le rend en fait soumis au désir de l'adulte. Ce dernier se croit dégagé des contraintes par le côté « pratique » de l'objet, qui contribue paradoxalement à rendre l'enfant dépendant de lui. Alors qu'un enfant auquel on a donné la liberté d'explorer tout petit son environnement pas seulement avec ses yeux mais avec toute la psychomotricité dont il est capable[1] développera sa sécurité de base et une faculté d'initiative incomparable.

Le bébé a besoin que ces moments de découverte alternent avec le contact physique dans la chaleur maternante et dynamisante que seul un corps humain peut lui fournir. Sous couvert de ne pas lui donner de « mauvaises habitudes », il n'est jamais trop tôt pour le conditionner aux renoncements à venir. La disponibilité des adultes qui l'entourent étant limitée, il s'agit surtout de ne pas le « bercer d'illusions ». On insiste à juste titre sur le rôle de la parole porteuse de réconfort et qui permet de combler en partie la distance, mais on oublie trop aisément l'importance de la communication physique apaisante dont le bébé raffole, tant elle le sécurise et le comble de plaisir. Il n'y a plus désormais que les sociétés traditionnelles et non industrialisées pour pré-

1. On conseillera vivement aux jeunes parents deux livres inspirés des travaux de la pouponnière de Loczy, celui du Dr Michael Rohr, *Aidez-moi à trouver mes marques, les repères du tout-petit*, Albin Michel, 1999, et celui de Chantal de Truchis-Leneveu, *L'Éveil de votre enfant, pour un bébé actif et détendu*, Albin Michel, 1996, nouvelle édition à paraître en janvier 2002.

server encore les besoins primordiaux du bébé, dans le corps à corps du portage.

Il en va de même de certains engins de locomotion dans lesquels il se trouve être véhiculé dès qu'il a acquis la station assise, et qui lui font tourner le dos à l'adulte. Une fois de plus, le voilà privé d'une connivence affective irremplaçable, un univers visuel fait d'intimité, probablement considéré comme trop réduit pour combler sa curiosité et développer ses compétences futures. Pourtant, là où le temps pour être ensemble se trouve être de plus en plus limité, ces trajets entre la crèche, la nourrice et la maison, ou les moments de promenade, sont des occasions de retrouvailles précieuses.

Bien qu'il lui soit possible d'entendre, quand elle n'est pas couverte par le bruit de la rue, la voix sans visage, la voix *off* de sa mère ou de son père, et même s'il lui faut se familiariser avec cet environnement souvent quelque peu agressif, on peut s'interroger sur le sentiment de solitude qu'il doit parfois ressentir à se trouver ainsi exposé de plein fouet, face à un monde inconnu, surtout s'il n'est pas tempéré par le regard rassurant de l'adulte tutélaire.

Peut-être est-il bon de rappeler que pour le très jeune enfant, l'adulte dont il dépend est au centre de son univers et qu'il a besoin de le garder comme repère, le temps d'accéder à la capacité de se déplacer seul pour explorer le monde qui l'entoure.

Ces exemples n'ont pas d'autre ambition que de matérialiser la tendance regrettable qui consiste à exposer trop précocement le jeune enfant à des expériences considérées à tort comme plus profitables qu'un apport de tendresse et de proximité. Ce sont là des besoins essentiels, qu'on a tendance à négliger du fait de notre mode de vie et de notre propre désir d'indépendance. Mais on mésestime ainsi que l'enfant trouvera plus tard dans ce fonds de sécurité reçu tout petit des ressources précieuses pour une autonomie réelle.

Voyager dès le biberon, ou de l'importance des repères

Une nouvelle mode consiste pour les parents à inclure leur enfant très jeune, parfois même encore nourrisson, dans leurs projets de voyage, parfois à l'autre bout du monde.
Dans le souci louable de ne pas lui imposer une séparation inutile et pour le garder près d'eux, ils coupent leur jeune enfant de ses habitudes. Celui-ci se trouve alors confié à un baby-club ou autre nounou au langage inhabituel, dans un environnement qui lui est totalement étranger, sans aucune possibilité d'adaptation préalable.
À peine s'est-il créé quelques repères dans cet univers inconnu et générateur d'anxiété où il a été transplanté sans ménagement, qu'il lui faut repartir pour un nouveau périple. Autant de ruptures dans ses habitudes dont il se serait bien passé !
Il est clair en effet que le bébé n'éprouve pas le même besoin d'exotisme que les adultes, et qu'en lui imposant un changement brutal d'environnement, on exige de lui un gros effort d'adaptation. Effort démesuré par rapport au bénéfice qu'il pourra tirer d'une expérience superflue à un âge aussi précoce.
Si le besoin d'évasion des parents paraît compréhensible, peut-être faudrait-il accepter l'idée qu'un bébé peut avoir d'autres priorités que les leurs. Et si leur projet éducatif de le rendre adaptable précocement se défend en soi, il convient de reconnaître qu'il y a un âge pour tout. Le bébé, lui, a surtout besoin de stabilité, garante de sa sécurité interne, du moins pendant ses deux premières années.

Si les parents pouvaient en convenir, ils remettraient sans aucun doute leur désir de voyage à plus tard, lorsque, leur enfant ayant grandi, sa curiosité exigera d'élargir son champ d'expérience. Le tout petit enfant, lui, a déjà fort à faire pour explorer son environnement quotidien, infiniment riche en sensations de toutes sortes, qu'il lui faut décoder et ordonner pour pouvoir s'y repérer. C'est ainsi qu'il se construit, en référence à un milieu riche de nouveautés, certes, puisque pour un bébé tout est nouveau, mais de nouveautés qu'il a tout le loisir d'intégrer sans se sentir trop déstabilisé par des ruptures répétées et des adaptations précipitées.

Noémie a 7 mois lorsqu'elle accompagne ses parents pour une semaine de vacances dans une île lointaine. Elle semble s'adapter spontanément aux changements de rythme et reste sociable avec tous les gens qui l'approchent. Elle ne manifeste aucune réticence particulière lorsqu'elle est laissée à la garde de jeunes éducatrices, dont c'est la fonction dans ce lieu de détente.

Les éloges ne tarissent pas à propos de ce bébé toujours de bonne humeur, qui ne manifeste qu'une légère anxiété lorsque le temps de séparation se prolonge un peu trop, alors que paradoxalement, ses parents l'avaient amenée dans le souci de ne pas se séparer d'elle.

C'est au retour des vacances que les choses se gâtent. Noémie, désorientée par ces changements successifs, exprime son désarroi par des troubles du sommeil. Ayant cohabité dans un bungalow avec ses parents, elle supporte mal de devoir réintégrer sa chambre qui auparavant lui était familière.

Elle refuse obstinément de s'endormir seule, se réveille toutes les heures pour réclamer à grands cris la présence de ses parents. Elle ne se calme que lorsque, de guerre lasse, ils l'acceptent dans leur lit.

Pour ces parents hagards que je reçois en compagnie de leur fillette, le bénéfice des vacances s'est rapidement volatilisé ! Il faudra un certain temps, et des efforts conjugués, pour rassurer Noémie à propos d'un épisode où malgré son apparente adaptation, elle semble avoir été troublée au point de n'en conserver que la crainte d'être abandonnée. À son retour, c'est le fait d'avoir perdu tous ses repères, ajouté à un vécu de séparation, qui explique ses manifestations d'angoisse nocturne et sa demande de réassurance. En effet, un bébé supporte la séparation d'avec sa mère quand il peut s'appuyer sur la permanence de son cadre et de son rythme de vie. C'est une certaine régularité de la répétition qui l'aide à se construire, et le prépare à l'introduction graduelle de changements aisément assimilables. Au final, et à défaut de pouvoir s'accrocher à la stabilité d'un environnement qu'elle ne reconnaît plus, le seul repère fiable pour Noémie reste sa mère. Mère dont elle ne veut plus être séparée pour conserver un sentiment de « continuité d'exister ». Exigence bien légitime chez un bébé encore fragile, et bien peu armé face aux changements qui lui ont été imposés, même si la parole des parents avait tenté d'en atténuer les effets.

Ne nous y trompons pas, si la nécessité de prévenir l'enfant du changement qu'il va devoir affronter reste la moindre des politesses à son égard, les effets de la parole ne sont pas pour autant garantis. La magie des mots n'opère pas de façon systématique, mais selon différents critères qui restent encore à définir. Qui peut dire ce que l'enfant comprend d'un discours parental, dont le premier bénéficiaire est souvent le parent lui-même ? « Je t'ai prévenu dans les règles, à toi maintenant de faire en sorte que tout se passe au mieux de nos intérêts. » Tel serait le sens implicite de cette tendance à expliquer qui soulage en partie, et à bon compte, la culpabilité ou l'angoisse parentale.

Certaines difficultés d'adaptation du jeune enfant restent inévitables, et peuvent se justifier par des impératifs liés à des modifications soudaines de la vie familiale. Mais en dehors d'un changement brutal dicté par l'urgence, le bien-être du tout-petit exige toujours une période d'adaptation, laquelle, une fois encore, suppose que le parent prenne le temps nécessaire pour permettre à l'enfant de se familiariser avec son nouvel environnement.

De la confiance que l'enfant ressentira vis-à-vis de ce changement de cadre, le parent reste incontestablement le garant privilégié.

Apprentissages et autonomie

Judith, 6 ans et demi, rentre de l'école avec un travail imposé par son institutrice de CP. Elle doit chercher dans le dictionnaire et expliquer les mots suivants : rêve, féerie, enchantement. Or, sans compter que ces mots ne sont pas forcément familiers à des enfants de cet âge auxquels les nuances de la langue échappent encore, Judith est incapable de se servir d'un dictionnaire, dont elle n'a pas appris le maniement en classe.
La maman de Judith se dit très embarrassée, puisque si elle n'aide pas sa fille dans cet exercice imposé, celle-ci risque d'être pénalisée. Comme ce type d'exercice ne peut pas être fait par l'enfant seul et que l'aide d'un adulte lui est indispensable, les parents se retrouvent dans la nécessité de se substituer non seulement au maître, mais aussi à l'enfant.
Est-il réaliste d'attendre d'un enfant de CP qu'il travaille seul ? À moins qu'il ne s'agisse plus simplement d'impliquer les parents et de les rendre ainsi plus concernés par leurs enfants ? Si le travail scolaire est destiné à mobiliser les parents, que cela soit explicite. Que le contrat ne soit pas hypocrite, mais clairement établi.

De fait, cette pratique « pédagogique » a pour effet d'induire un enseignement à deux vitesses, certaines familles ayant la possibilité d'aider leur enfant, alors que d'autres devront se contenter d'un constat d'impuissance lié à leur différence culturelle ou plus simplement à leur indisponibilité.
Et ce n'est sans doute pas par hasard si le répétiteur d'antan revient à la mode (lorsque les moyens financiers le permettent), sous la nouvelle forme d'étudiants baby-sitters, substituts des parents absents.
Les enfants se trouvent, de fait, confrontés à l'obligation suivante : « Fais preuve d'autonomie dans ton travail, même si tu n'as pas encore acquis la maturité nécessaire », injonction paradoxale s'il en est ! Et que l'on retrouve inévitablement dans les appréciations des livrets scolaires sous la forme d'un « pas assez autonome », sans appel, accusateur d'un irrémédiable défaut. La majorité des enfants, qu'ils soient en primaire ou au collège, sont dans ce cas. Ces enfants ont un besoin patent d'être soutenus par un adulte pour organiser leur temps et apprendre progressivement à maîtriser la tâche. Et lorsque l'enfant a acquis une certaine aisance, il a encore grand besoin, sinon d'être encadré, du moins de pouvoir compter sur l'intérêt que suscitent ses apprentissages pour ses parents. Le problème de cette autonomie scolaire imposée prématurément pourrait se résumer ainsi : « Dans le grand bain, sans bouée, et sans savoir nager. »
Si les parents s'informent et prennent le temps d'écouter et de s'attarder avec leur enfant, ce dernier acceptera d'autant mieux les efforts qu'on exige de lui qu'il aura reçu en suffisance son comptant de disponibilité parentale et d'intérêt qui ne soit pas uniquement centré sur le carnet de notes.
Mais que l'on ne s'y trompe pas : si dès le CP un enseignant ne donne pas de travail à faire à la maison, les parents s'indignent aussitôt d'un tel manque de sérieux !

Aussi nous faut-il admettre que tous les enfants, et même les adolescents, attendent de leurs parents un soutien et un encadrement. Et lorsqu'ils n'en bénéficient pas, ils ont tôt fait de se sentir abandonnés et de désinvestir leur « métier d'élève », pour que leurs parents alarmés et enfin concernés s'intéressent à eux.
D'une certaine façon, le désinvestissement scolaire équivaut à un symptôme de plus en plus fréquent de nos jours. C'est une façon pour l'enfant d'alerter ses parents et de les mobiliser. Mais le scolaire a bon dos et peut-être suffirait-il que les parents partagent d'autres activités que les devoirs avec leurs enfants, pour que ceux-ci réinvestissent autrement l'école.

L'accompagnement de la lecture

Il en va de même pour ce qui concerne le rituel de la lecture du soir de l'enfant. Dès qu'il a acquis un minimum de maîtrise dans cet apprentissage, les parents s'empressent de le laisser « livré à son livre » (difficile de résister au jeu de mots). Non seulement l'enfant n'est pas forcément mûr pour absorber toutes les nuances d'un texte et mettre ses émotions en mots, mais il se trouve surtout amputé du plaisir que lui procurait la présence du parent, et de la connivence affective liée à ces moments privilégiés.
Le risque de ce « lâcher » prématuré le plus fréquemment observé est de voir l'enfant désinvestir la lecture, tout comme il a le sentiment d'être soudain désinvesti par ses parents. Une lecture qui ne lui apporte plus le bénéfice secondaire que représente l'accompagnement sécurisant de son père ou de sa mère, nécessaire pour accéder au désir de lire seul, et à la capacité de s'évader par le livre sans crainte de s'y perdre.

Pourquoi l'idée de lire à haute voix en alternance avec leur enfant vient-elle si rarement à l'esprit de certains parents pressés ? Cette colecture est pourtant une transition bénéfique vers la lecture individuelle.

En outre, les parents pensent stimuler le goût de l'effort de leur enfant pour cet apprentissage essentiel en lui faisant miroiter l'idée qu'il pourra bientôt « lire tout seul ». Cela a parfois pour effet de provoquer en lui une appréhension telle qu'il ne trouve pas d'autre solution que de renoncer à faire ses preuves. En effet, sa priorité à lui ne consiste pas à acquérir une autonomie de lecture, mais davantage à ne pas perdre ces moments de proximité et de partage avec ses parents, dont il a encore besoin de se sentir dépendant. Qu'il soit mis en situation de lire seul, ou que les parents soient, eux, absorbés dans leur lecture, le résultat est le même : l'enfant le vit comme une mise à l'écart, et ne nous étonnons pas si les jeunes enfants se plaignent souvent de l'indifférence qu'ils ressentent à voir leurs parents lire de leur côté, sans jamais plus rien partager de ce plaisir avec eux.

Comment rester insensible à la demande de complicité des enfants, pour lesquels la lecture de l'histoire n'est qu'un prétexte parmi d'autres, le symbole émouvant d'une attente qui va bien au-delà de l'histoire partagée ?

« Lire avec » c'est « être avec » et les enfants n'en demandent pas davantage aux parents. Cette formule reste valable pour tout ce qui, dans la vie courante, peut justifier leur présence aux yeux de leurs enfants.

Ainsi cette jeune adulte qui, lors d'une séance de psychothérapie, se remémore son enfance. « Mes parents, dit-elle, ne voulaient pas se sacrifier pour leurs enfants, ni faire de concessions par rapport à leur propre liberté, et ce, sous prétexte d'autonomie. Ils me laissaient assumer seule, à

8 ans, mes difficultés scolaires sans m'aider ni s'inquiéter de mes échecs. »
Elle se sentait très affectée lorsque se déchargeant totalement sur elle de leurs responsabilités, ils lui lançaient : « Tu assumes... » « Ils n'étaient pas là pour me soutenir ni dans mon travail, ni dans mes résultats. Mes erreurs, ils ne les ont jamais critiquées, mais ils ne se sont jamais remis en question non plus à cet égard. » Elle ajoute : « Quand on laisse les enfants livrés à eux-mêmes, ils vont forcément au plus facile et n'acquièrent pas le goût de l'effort. »
Dans une sorte de confusion des rôles et des générations, ses parents lui disaient qu'ils n'avaient pas à intervenir à propos de ses résultats, ce que la fillette interprétait comme un manque d'intérêt de leur part.
Elle conclut avec une certaine pertinence : « Les parents ne se rendent pas compte à quel point leur soutien nous est nécessaire. Il est bien difficile de se faire la police à soi-même, dans l'enfance et même à l'adolescence. On a déjà tellement de choses compliquées à gérer... »
J'associe ces paroles au souvenir de l'attention que portait mon père à l'élaboration de mes rédactions en français, et plus tard de mes dissertations en philosophie. Que je lui demande son opinion représentait pour ce modeste artisan une sorte de reconnaissance qui le valorisait. Il arrêtait son travail du moment pour devenir attentif à mon propos. Et lorsqu'il m'arrivait de chercher le mot juste, celui qui me manquait, il exultait lorsqu'il trouvait la réponse. C'était des moments d'échange précieux que nous partagions dans une intense complicité et que ni lui ni moi n'aurions manqués pour rien au monde.
De cette expérience prolongée au fil des années, j'ai gardé la conviction que l'enfant peut trouver un soulagement à devancer les exigences de ses parents, tout en réclamant le support de leur présence.

Dans ma pratique, je suggère aux parents d'établir avec leur enfant un contrat qui définisse la position de chacun face aux obligations de la vie quotidienne. L'enfant s'engage à faire ses devoirs avant que ses parents ne le lui rappellent. Ensuite, il doit les solliciter pour la vérification de son travail. Bien évidemment, cet accord peut être étendu à tout autre domaine qui pose problème, pour encourager l'enfant à devenir acteur de ce qui le concerne, et ne pas subir passivement la pression parentale.

Le fait d'anticiper les ordres insistants des parents pour éviter un sentiment désagréable d'ingérence offre à l'enfant le sentiment non négligeable de maîtriser les obligations qui lui incombent. Cette convention favorise le fait que l'enfant garde l'initiative, et permet aux parents de mettre du cadre sans que cela soit perçu comme pesant.

Cependant, pour l'enfant, il est structurant que les adultes ne soient pas totalement à sa disposition, au point de devenir ses esclaves. Il suffit qu'ils se disent disponibles pour lui si nécessaire.

Mais il ne faudrait pas se méprendre sur le sens de l'autonomie : ce n'est pas parce qu'un enfant peut « faire seul » qu'il doit « être seul ». Il revendique essentiellement le sentiment de sécurité que lui apporte le fait d'être dans la « contiguïté » d'une présence adulte soutenante.

La compagnie des écrans

Les enfants ont une capacité de concentration de plus en plus réduite, au point que la difficulté à fixer leur attention est devenue un symptôme en soi, qui inquiète bon nombre d'enseignants et de parents impuissants devant ce constat alarmant. Ils sont habitués à zapper, à enchaîner des séquences d'images morcelées qui défilent sans discontinuer en une accélération effrénée qui les fascine et ne contribue guère à rendre leurs perceptions cohérentes, ni à unifier leur pensée. Bien au contraire : là où le hasard est roi, il n'est fait appel qu'à leur réactivité, au détriment de toute logique, de tout effort de réflexion.

Comment l'esprit infantile, aux capacités d'intégration encore fragiles, résisterait-il à un rythme qui déroute et désorganise, là où ne restent que des sensations désordonnées, au point qu'il devient illusoire de suppléer à un tel vide de sens ? Pensée errante, confuse, soumise et artificielle, influencée par l'éphémère...

C'est frappant dans le cas des enfants seuls, qui n'ont d'autre compagnie que les écrans (de télévision, de console, d'ordinateur), faute d'adultes disponibles. Ces activités s'inscrivent en effet dans l'espace laissé libre et en friche par les parents, espace-temps que les enfants livrés à eux-mêmes utilisent à leur discrétion, de façon à mobiliser avec le moins d'effort possible leurs mécanismes de réflexion et d'esprit critique. Ainsi, selon un récent sondage TF1 mené dans des écoles primaires, 50 % des enfants regardent le journal télévisé sans l'accompagnement d'un adulte. Ils se retrouvent alors seuls face à des images qui les imprègnent d'angoisse à leur insu. Images souvent violentes, en flashs juxtaposés, qui défilent sans aucun lien entre elles, en un temps morcelé proche des clips et du zapping et de leurs effets excitants. Dans un univers sans échanges, car fait de solitude, où tout l'éventail des émotions se trouve sollicité dans un télescopage qui contribue à leur banalisation, comment peuvent-ils s'y retrouver ? Comment peuvent-ils encore « se » trouver, aliénés qu'ils sont par le manque essentiel du sens, que seule la parole d'un adulte disponible et attentif serait susceptible de leur apporter ?

Les phénomènes de dépendance générés par ce type d'images ne sont pas, loin s'en faut, favorables à la mise en place d'une capacité de concentration suffisante pour permettre une réflexion personnelle et une pensée autonome. En effet, ces « automates du zapping » ont une autonomie de concentration si courte qu'il leur faut pour la relancer se brancher sur une excitation sans cesse renouvelée. Un phénomène souvent repéré chez beaucoup d'enfants à travers leur instabilité ou leur hyperagitation chroniques, et qui leur interdit de s'investir dans toute activité exigeant une certaine durée.

À ce titre, tous les adultes responsables devraient se trouver concernés par une tendance qui incite enfants et adolescents à n'être que des consommateurs privilégiés ou « accros » de ces procédés médiatiques devenus les fidèles reflets d'une accélération du temps qui scande notre vie quotidienne. La vitesse de l'information et son instantanéité évacuent toute velléité d'approfondissement, et encouragent, à l'inverse, une sorte de « zapping » de la pensée, si pensée il y a encore, qui ne s'attarde plus sur rien, ne questionne plus rien.

C'est un fait acquis que la passivité des enfants augmente avec l'invasion de leur univers par les nouveaux médias et les divertissements qu'ils proposent à ces jeunes consommateurs avides de sensationnel sous quelque forme que ce soit. Alors, puisque tout leur vient à domicile, et prédigéré

par l'intermédiaire d'un matériel sophistiqué qui annihile en partie leur volonté et leur pensée, ils font preuve de moins en moins de persévérance pour maintenir un contact direct avec l'extérieur, ce qui peut se résumer ainsi : « Chacun pour soi, chacun chez soi. »
Mon propos n'est pas de rejeter la nouveauté. Nous connaissons tous des enfants pour qui les écrans ne prennent pas toute la place, simplement du fait qu'ils ont d'autres interlocuteurs. Le problème se pose dès lors qu'ils n'ont pas d'autres ressources relationnelles. Tenir compte de ce constat peut permettre d'endiguer le pouvoir désorganisateur de l'image, et de redonner à l'enfant une pensée lucide et créative.
Pour poursuivre sur la nécessité structurante de la présence adulte, on reste interloqué par le fait que le langage de l'enfant tend à devenir monosyllabique, une idée se limitant souvent à une onomatopée. De fait, les modalités d'expression propres aux médias se sont peu à peu imposées comme modèle absolu : langage au rythme saccadé, celui du zapping dont ils sont imprégnés, et qui les fait passer d'une idée à l'autre sans nuance ni transition. S'il est admis en effet aujourd'hui que les enfants ne savent plus écrire, il est également reconnu qu'ils savent de moins en moins s'exprimer oralement, du fait des trop rares occasions qui leur sont données d'échanger des idées ou des émotions avec leurs proches. C'est un fait de société : dans les familles, on se contente souvent de vivre côte à côte dans une hyperactivité compulsive. Un seul mot d'ordre : « chacun pour soi ». Nous faudra-t-il nous résigner à cette forme d'autonomie égocentrique, amputée de tout intérêt pour l'autre ?

De l'immaturité

De la maternelle à la terminale, une des appréciations favorites des enseignants est « manque de maturité », comme s'il n'y avait pas un temps pour tout, comme si on ne pouvait pas laisser à un enfant le loisir d'avoir son âge. Serait-ce pour les adultes une façon de dénier à ces enfants chrysalides qui mûrissent sous leur responsabilité la protection nécessaire à leur lente métamorphose ? L'immaturité constitutive de l'état d'enfance serait-elle l'équivalent d'un handicap ou d'une maladie qu'il faudrait au mieux proscrire d'emblée comme n'ayant pas lieu d'être, au pire guérir au plus vite par une autonomie administrée de force ? Pourtant, l'immaturité inhérente à l'état d'enfance ou d'adolescence est un état transitoire et précaire, précieux entre tous puisque limité dans le temps. Un état de grande fragilité et de pulsion de vie intense, que l'adulte se doit de protéger et de canaliser, et non de pervertir par souci de précocité.
Comme une plante qui a besoin d'un tuteur pour pousser droit vers la lumière, mais à son rythme, les parents doivent se reconnaître comme tuteurs de leurs enfants. Toute sa vie, l'enfant aura besoin de pouvoir compter sur un cadre indispensable pour le soutenir et lui permettre de progresser vers un nouvel objectif. À défaut de ce tutorat, il risque de se développer de façon anarchique. Entendons-nous bien, le tuteur, c'est l'éducateur dans son sens le plus altruiste : celui qui donne l'exemple, sans esprit de dressage ni de coercition, celui qui respecte l'enfant et l'adolescent dans sa singularité, et sa différence, sans se servir de son immaturité pour le soumettre arbitrairement à ses désirs. C'est pourquoi nous devrions éviter, nous adultes, de nous plaindre amèrement du manque de respect des enfants à notre égard,

car ce respect s'instaure en premier lieu dans le sens parents-enfants.

L'immaturité reste trop souvent considérée dans un sens péjoratif, alors qu'elle doit s'interpréter comme une période de vacuité transitoire, un passage obligé, constitutif de la maturité adulte à venir. Ainsi, le fait qu'un enfant accepte de renoncer progressivement à la dépendance pour grandir et avancer en tâtonnant vers le statut d'adulte ne signifie pas pour autant que ce parcours puisse se faire sans une reconnaissance essentielle : le droit à l'immaturité et le fait de n'être pas responsable.

Car, selon la formule de D. W. Winnicott : « Pour l'immaturité, il n'y a qu'un traitement, l'écoulement du temps, et la croissance vers la maturité que seul le temps peut favoriser.[1] » L'immaturité est pour lui un élément primordial de santé et un état facilitant la lente prise de conscience pour devenir responsable, responsable de soi en premier lieu. Elle est la condition qui permet un cheminement constructif vers plus d'autonomie. À nous de rester vigilants pour éviter à l'enfant et à l'adolescent une pseudo-maturité se traduisant par une imitation, une identification prématurée à l'adulte. Acquisition fragile car édifiée sur un faux moi et lourde de conséquences pour l'avenir.

Exceptionnellement accompagné par sa sœur aînée, je reçois Jean que je vois depuis quelque temps déjà pour un échec scolaire et une réelle difficulté à se concentrer.

Sa sœur est âgée de 19 ans, et Jean semble tenir beaucoup à ce qu'elle assiste à sa séance. Ce que j'accepte sur son insistance. D'emblée, la jeune fille exprime librement ses sentiments à propos de la thérapie de son frère. Selon elle, ses parents ne s'occupent pas suffisamment de Jean.

1. Winnicott Donald W., *Jeu et réalité : l'espace potentiel*, Gallimard, 1971.

« Il est tout le temps occupé à des faux loisirs : à la Game-Boy ou à la télévision, parfois aux deux à la fois et son téléphone portable à côté de lui, au cas où... Alors pour résoudre ces mauvaises habitudes, nos parents n'ont rien trouvé de mieux que de l'envoyer chez le psy ! C'est la génération de 68, une vraie génération de schizophrènes, ajoute-t-elle. Ils ne font que ce qui les arrange, sans tenir compte de leur propre discours sur les valeurs, des valeurs qu'ils ne respectent pas. Ils se contentent de déléguer la responsabilité de s'occuper de leurs enfants à la crèche-garderie, à l'école-garderie, et même à la Game-Boy et à la télé-garderie. »

À ce propos, cette jeune fille dénonçait avec vigueur l'irresponsabilité d'une société qui fait passer ses intérêts économiques avant son devoir envers les enfants. En effet, celle-ci ne leur propose que des objets obsessionnels qui favorisent la dépendance des enfants. Cyniques et sans états d'âme, les industriels et leurs publicitaires ne s'avancent pas masqués, loin de là, et annoncent ouvertement leur projet de rendre les enfants accros aux produits qu'ils créent pour eux – consoles de jeux, sites Internet et autres Pokémon, auxquels les enfants se trouvent assujettis, mais aussi leurs parents, par extension. Car ne nous y trompons pas, ces programmes lancés sur le marché à destination de la jeune clientèle mobilisent sa tendance à la facilité. Celle-ci se trouve alors piégée dans une sorte d'endoctrinement, un code de reconnaissance, qui uniformise et met à l'écart l'enfant et la famille qui résistent à ces pratiques pour protéger leur autonomie créative.

Tout en continuant le modelage qu'il a entrepris, Jean semble ne pas perdre un mot du discours de sa sœur.

Dans un jugement sans concession elle ajoute :

« Les parents devraient se dégager de leur travail et être plus disponibles, mais ça ne sert à rien de leur dire qu'ils rentrent trop tard, tant qu'ils refuseront l'idée que leurs enfants ont

aussi des droits sur les parents, et les parents des devoirs envers leurs enfants. »
Elle poursuit sur un ton sans appel : « C'est une très mauvaise évolution sociale qui a des répercussions graves sur les enfants qui le vivent mal. »
Et pour donner plus de poids à ses paroles : « Je sais de quoi je parle, car j'ai été moi aussi en échec scolaire, et je n'ai pas plus confiance en moi que Jean. J'en ai souffert, et j'aurais bien aimé sentir les parents plus concernés par ma vie, et s'inquiéter davantage de ma sécurité. J'étais encore très jeune quand j'ai commencé à sortir le soir. Et à la limite, si je ne rentrais pas à la maison, personne ne s'en apercevait ! À l'époque cela m'arrangeait bien. Mais un jour où je passais des vacances chez une amie, et que nous étions sorties, à notre retour au petit matin, elle a reçu une gifle de son père, inquiet qu'elle ne soit pas rentrée de la nuit. Je l'ai enviée. À sa manière, même un peu brutale, son père lui signifiait à quel point elle était importante pour lui et l'intérêt qu'il lui portait. »
En même temps qu'elle évoquait le manque de son enfance, cette jeune fille exprimait de façon pertinente celui de son frère. Manque d'une présence parentale qui transforme l'environnement des enfants en monde « désaffectivé ».
« Les relations entre parents et enfants apparaissent comme la source d'un désarroi important, d'un brouillage des repères fondamentaux de l'éducation et d'une crise de la transmission [...]. Considérer l'enfant comme une personne déjà constituée dont il ne s'agirait que d'accompagner le développement et de favoriser les potentialités propres consiste très précisément à dévaluer la tâche de l'apprentissage du monde au profit de celle de l'émancipation vitale », écrit Irène Théry. Elle nous met en garde « contre toute

tentation d'affaiblir la protection à laquelle l'enfant a droit au nom d'une mythique *émancipation*[1] ».
À cet égard, un petit enfant a tout simplement besoin de quelqu'un *pour qui* manger. Car l'alimentation est marquée par l'affectivité. Et, au passage, ne nous étonnons pas de l'importance de plus en plus critique que prennent les troubles alimentaires, tant ceux de l'adolescence que ceux, de plus en plus fréquents, de la petite enfance.
Dans le même ordre d'idée, tout enfant ou adolescent aspire à avoir quelqu'un, pour qui et par qui ses efforts et ses apprentissages prennent sens. Aussi est-il en attente légitime d'un regard intéressé et d'une écoute attentive valorisant ses efforts. En effet, rien n'est plus déroutant pour un enfant que l'indifférence qu'il peut ressentir de la part de son environnement familial, tout comme il n'y a rien de plus rassurant pour lui que de résister d'abord, puis de se conformer à des interdits. Une trop grande tolérance risque souvent d'être interprétée par l'enfant comme de l'indifférence.
Bien que contestable dans sa forme, l'anecdote de la gifle, évoquée par la grande sœur de Jean, est plus qu'édifiante pour souligner l'affectivité sécurisante qui se dégage d'une autorité parentale assumée. En l'occurrence, « une autorité adulte qui ne soit pas assimilée à un abus de pouvoir », pour reprendre l'expression d'Hannah Arendt.
Cette séance au cadre inhabituel et improvisé aura sur Jean un effet thérapeutique inespéré. En effet, en même temps que la jeune fille devenait pour son frère une alliée et un substitut parental soutenant, elle donnait sens à son symptôme grâce à l'interprétation lucide du fonctionnement familial. Et le fait de se sentir compris par sa sœur et de se retrouver dans un vécu commun permettra à Jean de sortir

1. Théry Irène, *Couple, filiation et parenté aujourd'hui : le droit face aux mutations de la famille et de la vie*, Odile Jacob, La Documentation française, 1998.

de sa léthargie pour s'investir davantage sur le plan de son implication scolaire.

La fausse autonomie des enfants « branchés »

Aujourd'hui, les enfants comme les adultes ont la possibilité de se brancher sur le monde entier. Fax, téléphone portable, télévision, Internet, sont autant de supports à la communication désormais accessibles à tous, qui leur donnent le sentiment d'être en permanence en relation avec le monde extérieur et même avec leurs proches ; il nous faut convenir qu'ils communiquent plus aisément par le biais de ces techniques que dans la proximité quotidienne avec les leurs : c'est étrangement ce dont ils se plaignent...
Ils se trouvent ainsi moins exposés à l'autorité et au pouvoir, sinon de coercition, du moins de persuasion des adultes. Mais s'il est vrai que ces moyens évitent les conflits, est-ce vraiment de la communication ou une manière de censurer leur affectivité ? De cette communication réduite à l'essentiel ne reste généralement qu'un message abrégé. Message en dehors de toute proximité physique, dans cet espace privilégié offert par le corps. Un corps qui possède son propre code, où peuvent s'exprimer les sentiments et les émotions les plus subtiles par le truchement d'un large éventail de nuances : regard, mimique, intonation de la voix, etc., tout ce protolangage archaïque, propre aux très jeunes enfants, mais que l'accès à la langue parlée n'élimine jamais totalement de notre réserve d'expressions.
Pour revenir à ces nouveaux procédés de communication et les resituer dans le contexte qui nous intéresse ici, à savoir l'accès à l'autonomie, la question se pose alors de définir si nos enfants ainsi conditionnés sont devenus plus ou moins autonomes.

S'ils se plaignent du manque de présence de leurs parents, constat admis par les parents eux-mêmes, ils peuvent désormais échanger à tout moment avec eux.
Il est vrai qu'avec un enfant qui circule seul, et les cabines téléphoniques se raréfiant, le téléphone portable est perçu comme une sécurité. Certains en font un usage judicieux. Mais pour beaucoup d'autres, ce petit boîtier est comme une laisse, une sorte de cordon ombilical symbolique compensatoire de l'absence. Cela conditionne le fait qu'il n'est plus question de différer, mais de réagir instantanément lorsque le besoin de communiquer s'impose à eux de façon impérative. Ainsi sollicitent-ils leurs parents n'importe quand et pour n'importe quoi. Et tout est à résoudre dans l'immédiateté, sans se donner aucun temps de recul. Avec le bénéfice non négligeable de s'assurer en permanence de la disponibilité de leurs parents. Juste retour des choses, car à vouloir s'assurer d'un contrôle sur les enfants, les parents se sont fait eux-mêmes les initiateurs d'une situation qui se retourne contre eux.
Et l'on entend désormais les parents, flairant le piège, se plaindre d'être « dérangés à tout propos », voire de se sentir « harcelés ».
Ainsi, Lucie, fillette de 10 ans, qui vient en consultation accompagnée par sa mère, pour des angoisses liées à ce qu'elle doit rester seule chez elle après l'école jusqu'au retour des parents. Même en compagnie de quelqu'un le soir, si ses parents doivent s'absenter, Lucie a peur des voleurs.
Dans le souci d'apaiser son anxiété, les parents l'ont équipée, tout comme ils le sont eux-mêmes, d'un téléphone portable, et la maman se plaint amèrement devant sa fille que « cela n'ait rien résolu ! » Bien au contraire. Car elle n'a plus de répit, appelée à tout moment, même lors de la

récréation, pour une note bonne ou mauvaise, un conflit ou une déception avec un autre élève, etc.
La mère : – Je me sens persécutée par ma fille.
Sourire de Lucie, où perce une certaine jubilation :
– Mais le portable, c'est fait pour ça, pour que je puisse te joindre partout et quand je veux.
– Mais il m'arrive d'être en réunion de travail et que tu m'appelles à ce moment précis, c'est très gênant.
– Je ne peux pas le savoir, tu n'as qu'à arrêter ton portable et me prévenir en me laissant un message.
– Alors il faudrait aussi que je te rappelle lorsque la réunion est terminée, et tu risques d'être en cours, ton portable éteint.
– Tu n'as qu'à me laisser un message, ça me rassurera.
J'assiste perplexe à l'enclenchement d'une spirale absurde !
Il en va de même le soir, lorsque ses parents sortent et que Lucie, dans une obsession de vérification, ne cesse d'imposer sa présence vocale. Situation sans issue qui cache la véritable préoccupation de Lucie à propos de ses parents, dont elle craint la disparition depuis qu'ils ont eu un accident de voiture sans gravité. Du coup, elle les a mis sous surveillance.
Lucie souffre d'une angoisse liée au fait que ni son père, ni sa mère, répondant depuis toujours à ses exigences, n'ont su lui imposer des limites sécurisantes. D'où le besoin de réassurance permanent de leur fille. Malgré l'utilisation paradoxale d'un appareil spécialement conçu pour autonomiser davantage, aucun d'eux ne bénéficie de la moindre liberté dans cette situation de dépendance mutuelle. Il allait falloir suggérer une utilisation plus cohérente de cet engin, afin que Lucie mette en place les défenses appropriées pour lutter contre des angoisses, que les parents et leur fille se transmettent mutuellement.
Du reste, peut-être le comportement de Lucie n'est-il pas

fortuit. Je m'explique : lorsque j'ouvre la porte de la salle d'attente, un jour où je reçois sa mère seule, je la trouve en grande conversation sur son téléphone portable. Elle se lève, entre dans mon bureau sans manifester la moindre intention de mettre un terme à l'échange avec son interlocuteur, ni s'excuser auprès de moi. Médusée par ce comportement plutôt inhabituel quoique révélateur, je fais intérieurement le constat qu'elle ne me paraît pas maîtriser mieux que sa fille les règles de la communication. Une fois de plus, s'impose la question de l'éducation par l'exemple...

Sans tomber dans une caricature qui n'est pas, loin s'en faut, la norme, il nous faut pourtant bien admettre que cette nouvelle pratique qui sécurise tout le monde à bon compte ne contribue pas à rendre l'enfant plus autonome, c'est-à-dire capable de trouver en lui-même la solution à un problème imprévu. En effet, pouvoir joindre ses parents à tout instant le dispense de tout effort pour s'individualiser.

C'est ainsi que Thomas, 10 ans, parti sur sa demande pour une semaine en stage de tennis, sport qu'il affectionne, gratifie ses parents d'un premier message enthousiaste confié au téléphone portable de son père : « Tout va bien, c'est super ! » Message lapidaire s'il en est, mais rassurant en tout point pour ses parents.

Pourtant, lorsqu'il réalise qu'il fait ainsi la part bien trop belle à ses parents partis en couple de leur côté, suit, dès le lendemain, un second message au ton radicalement différent. Les règles de la vie en groupe lui paraissent soudain insurmontables.

Il supplie ses parents de venir le chercher en urgence : « C'est l'horreur ! »

Message, on s'en doutera, destiné à culpabiliser ses parents, et qui atteint son but, en particulier pour sa mère : le désarroi de son fils l'atteint au plus haut point, et les vacances du couple se trouvent dès lors compromises.

Toutefois, conscient de l'emprise de Thomas sur sa femme, le père prend alors une décision drastique et décide de ne plus se prêter au jeu de son fils : il éteint son portable, solution radicale selon lui pour mettre Thomas face à ses choix et en situation de devoir les assumer. À son retour, les parents retrouvent leur fils détendu et ravi...

Les nouveaux moyens de communication – téléphone mobile, fax et ordinateur – qui permettent une libre connexion avec les autres, nous donnent le sentiment d'être autonomes, alors qu'en fait nous sommes toujours branchés, et donc dépendants. Notre autonomie se révèle n'être que relative et même un véritable leurre, dans la mesure où il est désormais inadmissible de ne pas être joignable ni informé sur-le-champ. Constat d'un bon nombre d'adultes ainsi piégés sur le plan professionnel, au point de se sentir persécutés dans leur vie privée.

Le téléphone mobile fonctionne ainsi souvent comme un nouveau « doudou » sophistiqué qui relie les enfants à leurs parents et les incite à la régression. Avec un portable sur soi, greffé comme une prothèse, parents et enfants peuvent se retrouver victimes d'un nouveau mode de harcèlement. Paradoxalement, en effet, si elle rassure les parents et les déculpabilise de leur absence, cette possibilité de liaison permanente comporte le risque de maintenir les uns et les autres dans une dépendance mutuelle. Il arrive que les parents, à leur insu, se rassurent davantage par la quantité de leur présence devenue virtuelle par appareil interposé, plutôt qu'ils ne s'attachent à sa qualité, celle que procure à l'enfant leur présence réelle.

Par ailleurs, la tentation de transgresser par téléphone portable interposé, sous couvert d'informations rassurantes pour les parents, peut s'avérer préjudiciable à la sécurité de l'enfant. En effet, même s'il reste « joignable » à tout moment, il peut tricher sur l'endroit où il se trouve. Il semble bien que l'essentiel soit de ne pas inquiéter les parents, et pour les parents de se sentir tranquillisés, même au prix d'une fausse réassurance. Au bout du compte, la seule certitude permise par l'appareil, c'est de vérifier que l'enfant est bien vivant... confirmation certes appréciable.

En encourageant ces modalités, les parents rassurés à bon compte ne privilégient-ils pas leur propre intérêt sous couvert de celui des enfants ? De fait, entre eux se trouve instaurée une complicité douteuse, et les enfants de s'en réjouir allégrement sans culpabilité aucune, dans la mesure où ils ont l'aval des parents.

8

Le processus d'autonomisation

« Nous nous développons dans la sympathie, mais c'est en nous opposant que nous apprenons à nous connaître. »

André Gide

De l'accompagnement affectif de l'enfant

Les enfants éprouvent tous le besoin de partager avec leurs parents des moments privilégiés, qu'il s'agisse de plaisir ou de travail. La seule présence attentive des adultes tutélaires représente pour eux un « tremplin symbolique » à partir duquel ils peuvent s'élancer confiants et sécurisés vers de nouvelles expériences.

Tel est le rôle des adultes que l'enfant privilégie : celui d'une présence soutenante. C'est justement le manque de cette présence dont se plaignent amèrement de nombreux enfants, qu'ils soient ou non en difficulté. On peut comparer ce besoin à celui du bébé qui, porté par des bras aimants, se sent protégé par cette proximité chaleureuse, expérience première qui restera sa référence tout au long de sa vie. Encore l'adulte doit-il persévérer dans cet accompagnement et conserver toute sa vigilance pour donner à l'enfant son comptant de présence structurante, adaptée à son âge, et lui permettre d'acquérir la sécurité nécessaire à sa progression dans l'autonomie.

Or, pour aider l'enfant à devenir un adulte équilibré et sociable, il convient de veiller à ce qu'il ne devienne pas le centre d'intérêt permanent des adultes, ce qui risquerait au contraire de le confirmer dans sa toute-puissance et de le rendre manipulateur. Tels ces jeunes enfants amenés en consultation pour des crises de colère irréductibles, des exigences égocentriques démesurées et impératives, et autres attitudes tyranniques qui font irruption dans la vie familiale, ou à l'extérieur, à la moindre contrariété, et parfois sans aucun fondement. L'heure n'est alors plus à choisir entre rigidité et permissivité, car gronderie et discipline ou, à l'inverse, patience et empathie, rien n'y fait ! Quelle que soit la capacité de compréhension des parents, l'humeur de l'enfant ne s'améliore pas. Et les efforts tentés pour l'apaiser ne font qu'intensifier les sentiments de frustration des partenaires. Épuisés et démunis, les parents se disent souvent prêts à tout pour que cessent ces luttes stériles que rien ne peut endiguer.

Une Américaine, Jean Liedloff, qui a fait plusieurs séjours chez les Indiens Yequanas, éclaire par ses observations fines et pertinentes le type particulier de relation parents-enfants pratiqué dans « ces tribus de l'âge de pierre ». C'est après sa quatrième expédition qu'elle réalise n'avoir jamais vu de conflit ni entre deux enfants, ni entre un adulte et un enfant : « Non seulement les enfants ne se battaient pas, mais ils ne se disputaient même pas. Ils obéissaient à leurs aînés sur-le-champ et avec joie. Les enfants qui criaient et riaient dehors pendant leurs jeux baissaient la voix dès qu'ils entraient dans les huttes afin de préserver le calme régnant. Ils n'interrompaient jamais la conversation des adultes. En fait, ils parlaient rarement en présence des adultes, se contentant d'écouter et de rendre de menus services, tels que servir la nourriture ou la boisson. Loin d'être contraints à l'obéissance, ces petits anges étaient détendus et de bonne humeur, et ils devenaient des adultes heureux, confiants et coopératifs. »

Ce qui fait la différence entre l'éducation des petits Indiens yequanas et les enfants de nos sociétés occidentales, c'est que les parents Yequanas ne sont pas « centrés sur l'enfant ». Même si celui-ci est transporté partout et se trouve mêlé à toutes les activités des adultes, on ne lui prête que rarement attention. « La personne qui s'occupe d'un bébé passe la plus grande partie de son temps à s'occuper d'autre chose que du bébé », avec lequel elle conserve cependant une proximité constante. Cet enfant est spectateur de la vie qui s'exprime de différentes façons autour de lui, et d'activités auxquelles il participe indirectement aujourd'hui plus activement à mesure qu'il grandit. Le fait que la mère yequana ne puisse confier son enfant à une crèche ou à une baby-sitter représente sans doute un privilège enviable pour de nombreux enfants occidentaux !

Dans notre société, l'enfant est privé de cette phase dont il a infiniment besoin : être spectateur, et porté lorsqu'il est encore petit. Très souvent, il se trouve soit totalement exclu de la vie des adultes, soit placé au centre de leur intérêt – souvent par compensation de leur part, pour se déculpabiliser de leur absence. Et cela devient pour lui une cause de malentendu et de revendication. D'une certaine façon, le petit Yequana se comporte de manière plus civilisée que le petit Occidental, toujours belliqueux et en conflit avec son entourage.

En effet, ce que l'enfant souhaite, c'est que l'adulte change d'attitude et « s'occupe de ses affaires avec confiance sans paraître lui demander sa permission ». Autrement dit « dans la mesure où un bambin veut apprendre ce que font les adultes, il veut pouvoir centrer son attention sur un adulte lui-même centré sur ses activités d'adulte [1] ».

Trop souvent, cet adulte ne sait pas trop comment se comporter avec l'enfant, attendant en quelque sorte d'être guidé par lui. Face à des parents incertains, celui-ci est de plus en plus anxieux de savoir qui décide. Un petit de moins de 3 ans attend d'être réassuré par un adulte calme et compétent et a besoin de sentir que le parent a le contrôle de la situation et peut l'aider à sortir d'une impasse. D'où son comportement opposant qui a pour but de tester la fermeté de l'adulte afin d'être lui-même rassuré.

Robin est un petit garçon de 2 ans parfaitement intégré à la crèche où il est considéré comme un enfant joyeux et docile. Il ne manifeste jamais aucune difficulté à quitter celui, père ou mère, qui l'y accompagne.

Mais un jour, de façon imprévisible, il refuse obstinément de sortir de la voiture, se met à hurler et résiste aux tentatives maternelles de le calmer.

La situation semble sans issue jusqu'à ce que la maman subitement inspirée lui propose de prendre lui-même un ticket à la borne de stationnement. Sa colère tombe aussitôt. Il consent à descendre de l'auto, insère la pièce et prend le ticket qu'il tient à mettre lui-même derrière le pare-brise. Et c'est d'un pas déterminé et avec une sérénité retrouvée qu'il franchit gaillardement la porte de la crèche.

Dans cette mise à l'épreuve de l'autorité maternelle, Robin cherche à vérifier qu'il peut s'appuyer sur quelqu'un qui lui résiste. Piégé dans la confrontation qu'il a provoquée, il ne sait pas comment revenir sur son refus. Aussi sa mère, sans renoncer à son but, lui offre-t-elle l'occasion de s'identifier à elle, dans un geste habituel que Robin a eu maintes

1. Liedloff Jean, *The Continuum Concept*, Addison-Wesley, 1986.

occasions d'observer. Identifié au comportement maternel, il ressent un réel soulagement à cette issue favorable qui ménage sa susceptibilité. Il éprouve le sentiment de décider par lui-même, tout en étant conforté dans l'idée qu'il peut compter sur la détermination de sa mère.
Une attitude de coercition aurait tout à fait pu être envisagée par la maman. Il n'en reste pas moins qu'elle choisit un compromis où personne ne perd la face : ni elle dans son rôle d'autorité sécurisante, ni l'enfant en quête d'une reconnaissance de son désir d'indépendance.
Le ticket n'est-il pas symbolique de ce « droit de passage » qui lui donne le sentiment d'agir de son plein gré, tout en traçant le chemin vers un besoin d'autonomie soutenu par la mère ?
Aucun enfant ne souhaite être plus fort que l'adulte et obtenir le contrôle de la situation. Si tel est le cas, il se trouble, panique et est prêt à tout pour obliger l'adulte à reprendre le contrôle qui lui revient. Et cela concerne plus précisément les enfants tyranniques au point de déborder leurs parents d'exigences jamais assouvies. Certains parents sont réduits à utiliser la force et la coercition. Ce faisant, ils compriment certaines étapes du développement de l'enfant au bénéfice d'un conditionnement qui est le contraire de l'accession à un moi équilibré et autonome. Les enfants ainsi soumis au pouvoir discrétionnaire de l'adulte, ou considérés en adultes avant l'heure, risquent bien de devenir plus tard des individus instables ou peu épanouis, incapables de se suffire à eux-mêmes.
Lorsque les parents ont compris cela, ils ne craignent plus d'imposer des limites à leur enfant en qui ils gardent leur confiance tout en se faisant confiance eux-mêmes. Celui-ci, enfin rassuré, ne peut qu'en ressentir un profond soulagement. Ce qui est essentiel à l'épanouissement de la personnalité réside en un cadre qui respecte l'espace de chacun dans la proximité et la tolérance.

Autonomie et désobéissance

Si on ne le bride pas de façon excessive, il est dans la nature de l'enfant de désobéir pour tenter de braver spontanément les interdits. Non sans une certaine jubilation. Car n'ayant pas ou peu l'expérience du danger, là où pour lui tout est nouveauté, il ne ressent pas comme l'adulte cette appréhension invalidante devant une situation nouvelle.

Dès qu'il a acquis une certaine aisance dans la marche, quel jeune enfant a jamais pu résister à l'attraction qu'exerce sur lui une flaque d'eau ? La tentation d'y sauter à pieds joints est irrésistible.

Ainsi ce petit garçon de 2 ans à peine qui, lors d'une promenade d'été en montagne avec ses parents, croise une petite mare formée par le suintement d'un ruisseau. À l'instant même où il la repère, il tente de la traverser. En vain : son père l'en empêche fermement et poursuit son chemin sans réaliser ce qui continue à préoccuper l'enfant qui tourne la tête, avec insistance, pour ne pas perdre de vue son centre d'intérêt. Car persévérant et loin de renoncer à une attirance aussi irrépressible, il finit par se dégager de la main de son père, pour rebrousser chemin à toute allure, et sauter à pieds joints dans l'espace convoité.

Son plaisir à s'éclabousser est si jubilatoire que, pris de court et amusés, les parents se contentent de mettre un terme à cet acte d'indiscipline, mais en autorisant malgré tout l'enfant à rester sur le bord. Ainsi lui permettent-ils de tenter d'autres expériences avec l'élément liquide, tout en lui imposant de respecter la consigne.

Cette liberté accordée sous condition lui aménage un espace fertile pour d'autres explorations.

Mais comment animer autrement la surface liquide ? Ayant

intégré l'interdiction d'utiliser ses pieds, il repère, non loin de là, des petits cailloux qu'il lance pour s'éclabousser à nouveau. Puis il avise une branche d'arbre qu'il fait flotter. Ce faisant, il ne transgresse plus les limites imposées, en même temps qu'il satisfait à son désir de tester l'élément, et plus simplement de jouer. Ce compromis avec ses parents lui permet d'assouvir la curiosité insatiable propre à tout jeune enfant. Curiosité qui trouve là un champ d'expériences ludiques illimité qu'il peut utiliser à sa guise, sous le regard encourageant de ses parents qui ne se privent pas de partager son excitation.

Autonomie et curiosité

L'enfant se comporte naturellement comme le ferait n'importe quel scientifique respectable et respecté qui aurait su conserver intacte sa curiosité infantile. Au point qu'Einstein lui-même, comme tant d'autres chercheurs, se disait toujours fasciné par les questions que se posent les enfants d'âge préscolaire, enfants dont il recherchait la compagnie, tant il appréciait le fait qu'ils soient encore si peu influencés par les idées toutes faites.

Tout comme les scientifiques, l'enfant observe, s'interroge, et intervient pour tester ce qu'il va provoquer par son intervention. Sans jamais se lasser, il juge du résultat, et refait l'expérience autant de fois qu'il le faut pour acquérir une certaine maîtrise, et en tirer des éléments de connaissance qu'il s'approprie et ordonne. Il les utilisera ensuite dans une situation différente.

Ainsi progresse-t-il par lui-même et parfois en désobéissant aux consignes des parents, qui considèrent un interdit comme une évidence spontanément intégrée par l'enfant, alors même que celui-ci n'en a saisi d'emblée ni le sens ni l'enjeu. Si les lui expliquer reste élémentaire et indispensable, cela n'est pas toujours convaincant pour l'enfant dont la vitalité exploratrice a surtout besoin de se concrétiser dans des actes. Sa pulsion de savoir le porte à vérifier son intuition avec toute l'audace dont il est capable, pour passer d'une étape de maîtrise à une autre, tant sur le plan moteur qu'intellectuel. En imposant ses propres choix, il construit et affirme sa personnalité.

La scène plutôt banale évoquée plus haut n'en reste pas moins riche d'enseignement sur une attitude parentale qui allie fermeté et complicité, pour soutenir, en fonction des capacités liées à son âge, les tentatives d'autonomisation de l'enfant.

Car en même temps qu'ils gardent le contrôle de la situation et sécurisent leur enfant, les parents créent pour lui de nouvelles conditions qui, tout en stimulant sa capacité d'adaptation, encouragent sa tendance innée à explorer le monde qui l'entoure. En cautionnant les initiatives de l'enfant et en partageant les émotions qu'il ressent, ils créent avec lui une connivence bénéfique, dans sa progression vers l'indépendance.

Dès sa venue au monde, tout enfant aspire à l'autonomie. L'essentiel n'est pas de la précipiter, mais de mettre l'enfant, au contraire, en situation d'y accéder à son rythme, en donnant des preuves de sa capacité à « s'autodiscipliner » : seule discipline véritablement efficace puisque « motivée par le désir intime de bien agir selon ses propres valeurs », au lieu simplement d'obéir à des ordres. Mais entendons-nous bien, ces valeurs, l'enfant les intègre et les fait siennes sous le regard bienveillant de l'adulte, qui au début l'encourage à prendre des risques en évitant de le culpabiliser en cas d'échec.

L'enfant prend peu à peu conscience que les interdits ne sont que momentanés et évoluent avec son âge. Ainsi peut-il

se familiariser avec le sentiment exaltant de devenir progressivement le maître de ses désirs, et de ne pas se limiter à être simplement l'exécutant docile des projections éducatives parentales sur sa personne.
Bettelheim écrit à ce propos : « Il y a une différence énorme entre acquérir la discipline en s'identifiant à ceux que l'on admire, et être soumis de force à une discipline excessive. » Tout comme, ajouterai-je, il y a une différence énorme entre acquérir une autonomie dans le respect de soi et de l'Autre et le fait de disposer d'une permissivité sans limites.

De l'insoumission

Nous venons de voir que ce qui structure un enfant et le fonde en tant que sujet, c'est l'expérience acquise par soi-même. Pour ce faire, il doit pouvoir compter sur la confiance de ses parents en son aptitude naturelle à s'autonomiser, c'est-à-dire à tenter de nouvelles expériences pour progresser simultanément dans la maîtrise du monde extérieur et de lui-même. Si tel n'est pas le cas et que l'enfant n'obtient pas leur adhésion, il lui reste la possibilité de désobéir pour apporter un démenti à une anxiété parentale susceptible de décourager pour toujours les enfants les plus doués pour la vie.
Or ce qui fait la particularité de l'enfant et le sauve de sa dépendance de l'autorité adulte, c'est sa propension à ne pas se soumettre. C'est sa façon à lui de tester la validité des règles imposées, par une interprétation personnelle qui lui permette d'utiliser ses potentialités et d'en tirer ses propres conclusions : « Je veux juger par moi-même », en quelque sorte. Alors qu'à l'inverse, une trop grande docilité de sa part liée à de l'inhibition signe l'existence d'un moi faible et si peu enclin à s'autonomiser qu'il finit par interdire toute initiative.

Quoi qu'en pensent les parents, contestation et désobéissance chez l'enfant constituent les preuves d'une bonne santé mentale. N'oublions pas qu'elles sont vers 2 ans les premières manifestations volontaristes de l'enfant. Rééditée à l'adolescence, cette opposition – qui peut se résumer en ces termes : « Je m'oppose, et ça résiste, donc j'existe » – suppose toutefois une résistance de la part des parents. Lorsqu'elle est temporaire et relativement sans danger, l'insoumission aide l'enfant à édifier son moi. Sachant bien que cela n'a de sens que si l'enfant se heurte à des limites. En effet, à qui et à quoi s'opposer si tout est permis ? Loin d'être un défaut, et si elle se conçoit dans une marge de liberté laissée volontairement aux enfants pour transgresser les interdits, l'insoumission peut créer une connivence avec les parents. Ainsi, elle peut devenir un atout qui complète et tempère l'apprentissage imposé des règles de la vie sociale. Contradiction et insoumission ouvrent la voie à l'autonomie des pensées.

Autonomie et intuition

Il fait déjà nuit lorsqu'une fillette de sept ans, son tablier à carreaux chargé de bûches, remonte de la cave qui donne sur le jardin de la maison, et se trouve nez à nez avec des soldats allemands qui viennent d'envahir le sud de la France. Confiée avec son petit frère à une nourrice par une section de la Résistance dont ses parents font partie, c'est pour elle une confrontation inattendue et angoissante, de se retrouver seule devant ces soldats qui lui demandent où est son père, et la toisent dans l'attente de sa réponse. Elle a l'intuition fulgurante que donner la moindre information sur son père ferait courir à celui-ci un risque vital. Personne ne l'a tant soit peu préparée à une telle éventualité. Pourtant, elle

s'entend répondre avec un aplomb inattendu, qui la surprend encore aujourd'hui : « Mon père est mort à la guerre. » Courageux mensonge, certes, et transgression justifiée de la réalité, qui s'enracine dans une confiance en soi induite et soutenue par ses parents. Dans la mesure où elle avait bénéficié depuis toujours d'un étayage affectif sécurisant et structurant, cette enfant avait pu intérioriser ce que ses parents lui avaient transmis : ne pas se laisser intimider, ni influencer. De sorte qu'elle avait acquis la capacité de faire confiance à ses émotions pour réagir de manière intuitive et adaptée à toute situation, même imprévisible.
« *Sapere aude* ! » : aie le courage de te servir de ton propre entendement, écrit E. Kant dans *Qu'est-ce que les lumières ?* Invitation sans équivoque à l'indépendance de pensée, celle qui autorise tout humain à s'affranchir de la tutelle d'autrui pour penser par lui-même et répondre de ses actes.

Contraintes et contrainte

Vis-à-vis de l'enfant qui par son immaturité se trouve dépendre de l'adulte, ce dernier, fort de son autorité, le limite souvent à l'alternative « interdire ou obliger », plutôt que de l'accompagner dans sa recherche personnelle. Il croit sans doute ainsi le protéger du pire alors que ce faisant, il l'empêche de progresser à son rythme et de trouver les solutions par lui-même en faisant appel à sa propre créativité. Car forcer un enfant à se conformer systématiquement aux ordres ne peut que générer, à l'âge adulte, une tendance aux comportements stéréotypés. C'est le conditionner par la contrainte, l'inverse d'un accès véritable à l'autonomie. En effet, il y a « contraintes » et « contrainte ». Les premières protègent la sécurité de l'enfant et balisent son espace de liberté, lui évitant ainsi d'envahir celui du voisin. Ce sont les *limites* du respect de soi et des autres, indispensables à la vie sociale. La contrainte gratuite et coercitive, produit d'une autorité arbitraire, fait de l'enfant un objet manipulable à merci, lui interdisant le droit d'accéder à la compréhension et à la maîtrise de son environnement. Cette dernière ne sert qu'à la domination de l'enfant par l'adulte, et en quelque sorte à son asservissement à des fins de contrôle. Car la curiosité insatiable des enfants inquiète : qui peut savoir jusqu'où peut aller leur acharnement à questionner le monde ?

Il nous faut choisir entre une éducation qui aurait pour priorité de soumettre l'enfant, c'est-à-dire de le maintenir dans la dépendance, et celle qui, fondée sur la confiance, a pour priorité de l'épanouir en l'initiant à devenir autonome. Comment cet enfant respecterait-il les autres, s'il n'a pas été lui-même un sujet digne de respect ? L'enjeu ici est capital, puisqu'il concerne les futurs adultes, et par extension les choix de société dont ils auront la responsabilité.

Autonomie et frustration

Amélie est une fillette de 4 ans, très bien adaptée à l'école maternelle, où elle exécute les consignes et fait preuve de créativité et d'autonomie. Or elle est encore très attachée à sa tétine. Et dès qu'elle se retrouve hors de l'école, elle la reprend. Cette attitude régressive consterne ses parents convaincus que, vu son âge, elle devrait pouvoir s'en passer.

Un jour pourtant, face à ses parents qui se réfèrent à la norme pour vanter le fait qu'elle est grande et capable de renoncer à cette pratique, Amélie s'empare de petits ciseaux qu'elle a l'habitude d'utiliser pour ses découpages et, mue par une « pulsion sacrificielle », décapite sa tétine. Très fière d'elle, elle fait l'offrande de son trophée en deux morceaux

à ses parents, qui la félicitent chaleureusement pour son acte.
Gratifiée, Amélie s'éclipse pour vaquer à ses jeux. Mais soudain, et à leur grand étonnement, ses parents l'entendent pleurer dans la salle de bains. Ils s'y précipitent et trouvent leur petite fille debout sur le tabouret devant le lavabo, avec dans les mains, sous le filet d'eau, les deux morceaux de sa tétine dont elle tente d'apaiser la blessure. À ses parents qui essaient de la calmer, elle ne peut que hoqueter sur un ton désespéré : « Je n'arrive pas à la recoller... »
Cette tétine n'était-elle pas le symbole du renoncement à sa petite enfance ? Or tout symbole évoque, selon l'étymologie, la capacité de lier, de mettre ensemble. Le mot grec *sumbolon* signifie « signe de reconnaissance » : c'était un objet cassé en deux entre deux personnes et dont chacune gardait une moitié. Si après une séparation les deux parties de l'objet s'ajustaient l'une à l'autre, cela confirmait le lien entre les deux personnes.
Une expérience émotionnelle peut être représentée à travers une représentation symbolique. Pour Amélie, il est probable que cette tétine renvoyait à la fois à sa relation de dépendance à sa mère et à son désir de grandir selon les vœux de ses parents. Sans doute s'agissait-il inconsciemment pour elle de recoller à sa petite enfance dans une angoisse où elle se ressentait elle-même comme coupée en deux, ni bébé, ni grande.
Même si elle avait surestimé ses limites, Amélie avait agi de son plein gré, non sans se conformer au désir de ses parents. Cela n'empêche pas qu'elle ait pu vivre ce passage dans une ambivalence bien compréhensible, car passer d'un stade à un autre ne se fait pas sans regrets ni retours en arrière. C'est ce que je nomme le « menuet » : deux pas en avant, un pas en arrière !
Hésitation naturelle qui doit pouvoir compter sur la tolé-

rance des adultes, dans la mesure où le temps ne s'écoule pas de la même manière pour eux-mêmes et pour les enfants. À ce titre, il n'était pas non plus facile pour Amélie de renoncer à un plaisir, proposé – ne l'oublions pas – dès la naissance par les parents, et en partie pour leur propre confort. Dépendance à un plaisir dont la frustration lui était soudain apparue comme insoutenable.
Pourtant, ses parents soucieux, vu son âge, de la faire progresser vers plus d'indépendance, avaient agi comme bien d'autres parents. Ils n'avaient employé ni le chantage, ni la coercition comme c'est parfois le cas.
Ainsi Paul, petit garçon de 2 ans, amené en consultation pour de récentes difficultés à l'endormissement, de fréquents réveils nocturnes, un refus de s'alimenter et un désintérêt pour les jeux qu'il privilégiait auparavant. Tableau qui évoque aussitôt un état dépressif. Alors que j'interroge les parents sur les habitudes de leur enfant avant l'apparition des troubles, j'apprends incidemment que, peu après sa naissance, comme il pleurait beaucoup, la prise d'une tétine l'avait aidé à trouver le calme et le sommeil. J'exprime alors ma perplexité sur le fait que cette même tétine ne remplisse plus cette fonction... Et les parents de révéler qu'ils ont décidé de la lui retirer le jour de ses 2 ans, « un âge où l'enfant doit comprendre ». Tétine jetée sans ménagement à la poubelle devant son petit propriétaire impuissant et guère préparé à accepter cette perte. Je fais aussitôt le rapprochement avec l'apparition des troubles. À la maladresse des parents répond la violence ressentie par leur enfant et exprimée dans ses symptômes.
Les parents d'Amélie n'avaient pas davantage évalué à sa juste mesure le degré de maturité de leur fillette, pour laquelle le plaisir de succion offert par la tétine, même s'il se réduisait avec le temps à une sorte d'automatisme, était encore un besoin. Ils l'avaient, selon eux, responsabilisée

dès son plus jeune âge en l'encourageant à s'en passer en dehors des moments d'endormissement ou d'ennui. Et très vite, Amélie avait appris à gérer cette dépendance relative qui restait son affaire. Si ses parents pouvaient lui faire entrevoir la possibilité de s'en libérer, la décision de s'en séparer dépendait désormais d'elle. Ce respect mutuel l'avait peu à peu amenée à faire l'expérience d'une autocensure certes douloureuse : sorte de « castration » qu'elle s'imposait à elle-même, et qui, bénéfice secondaire appréciable, amorçait son passage d'un stade à un autre, vers plus d'autonomie.
La perte de sa tétine était éprouvée de façon plus frustrante pour le garçonnet de 2 ans, encore très dépendant de ce substitut équivalent à un objet transitionnel, au point de vivre sa disparition comme un véritable traumatisme, source d'insécurité, avec toutes les conséquences inhérentes à l'incompréhension qu'il ressentait de la part de ses parents.
Au libre arbitre encouragé par les parents d'Amélie correspondait la frustration imposée arbitrairement par ceux du petit garçon, qui n'avait pu, lui, bénéficier du respect le plus élémentaire dû à un enfant.

Peut-être serait-il bon de rappeler, une fois de plus, qu'il faut du temps à l'enfant pour passer d'une étape de son développement à la suivante et que ce temps nécessaire n'est pas identique pour tous. Chaque enfant accepte à son rythme les renoncements inhérents au fait de grandir et la nostalgie qui en découle.
C'est du respect dû à l'enfant qu'il s'agit, respect de ses capacités à se détacher des objets de substitution affective, au fur et à mesure qu'il s'affirme et prend confiance en lui. Cela s'établit progressivement, selon ses capacités d'intégration, et s'inscrit dans un processus de maturation propre à chaque stade du développement psycho-affectif infantile. Malgré ses progrès vers l'acquisition d'une plus grande

autonomie, rien n'empêche qu'il puisse à certains moments éprouver la nostalgie de l'époque révolue. Cela semblait bien correspondre à ce que tentait désespérément de retrouver Amélie, à savoir sa partie « bébé » qu'elle venait à peine d'abandonner.

C'est le cas pour beaucoup d'enfants. Ainsi en est-il pour Louis, qui un soir tombe inopinément sur l'un de ses pyjamas de bébé.

Pour ce garçon de 12 ans, bien adapté à la réalité, la grenouillère est le symbole de sa première enfance. Cette rencontre inattendue le renvoie à sa relation idyllique de bébé à sa mère, et provoque en lui une telle émotion qu'il ne peut contenir un accès de larmes. Sa mère qui assiste à la scène, le sentant inconsolable et inaccessible à la raison, interprète intuitivement cette réaction comme le signe d'un retour au passé propre aux enfants. Nostalgie d'un état auquel il avait dû renoncer depuis longtemps déjà, mais aussi d'une époque où ses parents étaient encore réunis et présents tous les deux à ses côtés.

Consciente de la souffrance de son fils, qui de surcroît entre en résonance avec la sienne, sa mère se garde bien de faire des commentaires ou de banaliser. Aussi imagine-t-elle de proposer à son fils de lui lire une histoire au moment du coucher, comme lorsqu'il était encore un tout petit garçon. Tolérante à cet épisode régressif, elle persévère le temps d'une semaine dans ce rituel retrouvé. Temps nécessaire pour que Louis (ou plus exactement le bébé en Louis) bénéficie de son comptant de réassurance pour renouer avec le garçon autonome de 12 ans qu'il peut à nouveau assumer d'être.

Grandir, c'est accepter des renoncements nécessaires, selon Winnicott et « l'excursion n'est bénéfique que s'il y a un ticket de retour ».

Noël, ou du rêve à la réalité

Nous sommes à la veille de Noël, date qui correspond à quelques jours près aux 6 ans d'Élise, en CP depuis septembre. Lorsqu'elle se lève le lendemain matin, elle exhibe fièrement ce que le père Noël lui a apporté, et qu'il a eu la délicatesse de fixer lui-même à son poignet pendant la nuit : sa première montre. Face à tous les membres de la famille qui s'exclament devant ce procédé inhabituel de la part du père Noël, Élise manifeste un enthousiasme de bon aloi.

L'explication à ce comportement est simple à comprendre : pendant la nuit, son sommeil est troublé par la sensation que quelqu'un manipule sa main avec précaution, sans doute pour éviter de la réveiller. D'abord pétrifiée, puis entrouvrant les paupières dans la pénombre, elle reconnaît aussitôt ses parents agenouillés près de son lit, et fait semblant de continuer à dormir. Lorsqu'ils se sont éloignés, elle comprend soudain en tâtant son bras le stratagème qu'ils viennent d'employer. Ils ont joué le rôle du père Noël pour lui faire croire qu'il était à l'origine de ce cadeau inespéré : une première vraie montre, qui, il faut le souligner, reste encore l'un des symboles du passage de la petite enfance à l'âge de raison.

Élise s'était donc « pliée au jeu », sans doute pour ne pas détromper ses parents, ni les décevoir dans leur projet. Elle avait feint la surprise, sans excès puisque l'effet ressenti pendant la nuit s'était estompé avec le lever du jour. Élise faisait « comme si » le père Noël existait toujours alors que cette nuit venait de marquer son passage du stade de la magie à celui de la réalité. Elle jouait le jeu d'une complicité tacitement partagée avec ses parents. Une illusion mutuellement acceptée car leur apportant à tous un plaisir équivalent : à ses parents le plaisir nostalgique de leur enfance, et à Élise

un plaisir fragile car déjà compromis, puisqu'elle allait devoir bientôt y renoncer.
Désormais, elle « savait », mais elle profitait encore un moment de cette croyance éphémère au merveilleux propre à l'enfance, et s'y attardait avec délice.
Si elle ne lâchait pas facilement cette part de rêve, sans doute était-ce pour aménager progressivement son passage du monde de l'enfance à celui plus rude de la réalité, par une sorte de passerelle symbolique : le « faire-semblant ». Elle venait de réaliser à son corps défendant que le père Noël n'existait pas, et que coexistaient deux mondes séparés. Elle se donnait un peu de temps pour intégrer cette prise de conscience, cette nouvelle donne de l'existence : la dimension du rationnel.
Elle prenait la mesure de la différence qui existe entre l'imaginaire et la réalité ; à l'avenir, sans faire d'amalgame, elle serait consciente de rêver. C'était incontestablement une manière de faire l'expérience de son indépendance psychique.
Mais Élise bénéficiait de ce témoignage d'affection que représentait le geste attentionné de ses parents, car le cadeau importait moins que l'ambiance et l'atmosphère d'affection familiale qui le transfigurait. Il avait de la valeur parce qu'il prenait place dans un univers symbolique qui lui donnait sens et le validait.
Pour certains parents épris de *vérité*, laisser un enfant croire au père Noël est une « imposture » condamnable. En cela, ils jugent de leur point de vue rationnel d'adultes, qui ont perdu tout contact avec leur propre univers d'enfant, imprégné de magie, pour lequel le père Noël représente une compensation aux contraintes de la réalité. « Or il convient de ne pas négliger le fait qu'une rationalité prématurée, comme

toutes les expériences trop précoces, laisse l'enfant mal armé pour affronter la vie.[1] »
Et pour élargir le propos, il nous faut souligner que l'enfant passera d'autant mieux d'un stade à un autre de son développement qu'il aura pu bénéficier d'une tolérance à son besoin de magie et d'une empathie affective appropriée à son âge. Car c'est bien dans cette présence attentive que s'origine sa confiance dans les autres et en lui-même. Peut-être ses parents offraient-ils aussi à Élise l'occasion de trouver une secrète confirmation à ce qu'elle pressentait intuitivement. Il en va de même dans bien d'autres domaines, celui de la sexualité par exemple, où l'enfant, pour préserver son indépendance, feint de ne pas savoir.

Ainsi Élise savait maintenant à quoi s'en tenir, tout en s'octroyant le temps nécessaire pour pouvoir, à son heure, y renoncer définitivement. Mais renonce-t-on jamais pour toujours au plaisir du rêve et de l'illusion ? Et ses parents ne revivaient-ils pas leur propre enfance à travers ce stratagème, là où ils retrouvaient leur fille sur un terrain symbolique commun ? La distance qui sépare l'un de l'autre, le parent dans l'autorité et l'enfant dans sa dépendance au pouvoir de l'adulte, se trouvait comme annulée l'espace d'une nuit, la nuit de Noël. Cette transition entre les deux registres, l'imaginaire et le réel, permettait à Élise de choisir le moment où elle renoncerait à faire semblant d'y croire. En refusant que cette vérité lui soit imposée de l'extérieur, Élise faisait la preuve de sa capacité à maîtriser le passage d'un état à un autre. *À son heure*, expression dont la montre à son poignet était la métaphore, elle prendrait « sa vie en main ».

1. Bettelheim Bruno, *Pour être des parents acceptables, Une psychanalyse du jeu*, Hachette Littératures, 1988.

Et Bettelheim d'écrire : « Si les parents veulent aider leur enfant à acquérir une saine compréhension de la réalité, ils doivent non seulement lui permettre de conserver ses rêves, mais aussi s'arranger pour que ses fantasmes deviennent réalité à certains moments importants de sa vie.[1] »
Tel est l'éminent service que rendent les fêtes à l'économie psychique de l'enfant. Elles lui donnent les forces qui lui permettent de faire face aux contraintes de la réalité quotidienne. Et à ce titre, il reste souhaitable que le père Noël (ou saint Nicolas) persiste dans le rôle irremplaçable qu'il a assumé à travers les époques et les cultures. L'auguste vieillard à barbe blanche a conservé toute sa superbe et un dynamisme qui inspire le respect dans cette lutte inégale qui l'expose au réalisme cynique de notre société.

L'enfant dans le bateau : l'accompagnement de l'autonomie chez le jeune enfant

Un couple embarque avec son jeune enfant dans une poussette sur une navette qui fait la liaison entre Stresa et les îles Borromées. Dès que le bateau a quitté le quai et file à vive allure, l'enfant, âgé d'un an environ, d'abord intrigué par cette situation nouvelle, commence à se tortiller, manifestant de façon insistante son désir d'être détaché pour sortir de sa poussette. Ses parents résistent un moment et tentent de détourner son attention en lui proposant un jouet, mais l'enfant semble déterminé et ne se laisse en rien influencer. Ses parents se concertent et, de guerre lasse, décident de libérer leur fils du harnais qui le maintient assis. L'enfant refuse de rester dans leurs bras. Mais le bateau à moteur est

1. *Ibid.*

instable pour un enfant qui n'a pas encore totalement acquis la maîtrise de la position debout et de la marche.
Aussi le risque est-il grand qu'il ne tombe, et le danger menace si les parents ne sont pas en totale empathie avec l'enfant pour lequel ils représentent protection et sécurité.
Pourtant, le jeune couple ne semble pas autrement préoccupé par cette éventualité, et laisse le petit tenter l'expérience : l'enfant campé sur ses petites jambes essaie d'abord d'adapter son équilibre aux mouvements du bateau, puis pour se réassurer, il cherche le regard de sa mère qui le maintient à peine. Et, dans une jubilation communicative, il s'élance enfin, accompagné par son père, vigilant, à ses côtés.
Ce qui me frappe dans cette scène, c'est la capacité du jeune couple à encourager la tentative d'autonomie de leur très jeune enfant. Ils créent entre eux et lui une connivence implicite qui garantit le sentiment de confiance que cet enfant peut découvrir en lui-même, dans un environnement aux conditions relativement hostiles puisque inhabituelles, et dont les risques ne doivent en aucun cas être sous-estimés.
Cette anecdote inopinée nous renvoie à l'observation de Françoise Dolto. Dans une aérogare, un jeune enfant s'éloignait progressivement de sa mère (proximité maternelle réassurante) non sans vérifier qu'il restait bien sous la surveillance de son regard attentif, sorte de cordon ombilical visuel. La maman ne le quittait pas des yeux et accompagnait de cette façon l'autonomie de son enfant, sans jamais l'entraver par des manifestations d'anxiété, mais en veillant à maintenir un lien symbolique protecteur par le jeu du regard.
Dans ces deux observations, ce qu'il paraît intéressant de souligner, c'est l'importance que prend pour l'enfant la confirmation de son désir, par un environnement affectif sécurisant. Ainsi autorisé à utiliser ses compétences loco-

motrices, il prend l'initiative de la séparation, et se risque à explorer un espace de plus en plus vaste.
Or c'est bien sur ce schéma que viendront se calquer les tentatives d'autonomisation ultérieures, et cela jusqu'à l'âge adulte. Mais il convient d'insister sur le fait que l'expérience contribuera d'autant plus à la maturation du « moi autonome » qu'elle se fonde sur une confiance mutuelle entre les partenaires. Ces parents veillaient à ne pas gêner, ni à anticiper les tendances d'autonomisation de leur enfant, mais se contentaient plus simplement de les reconnaître et de les accompagner.
À cet égard, il me revient en mémoire ce que me disait, lors d'une séance de psychothérapie, un adolescent qui souffrait d'une difficulté à s'intégrer dans les groupes de sa classe, dont il se sentait toujours exclu.
Sous prétexte que sa naissance avait été difficile, ses parents l'avaient longtemps maintenu dans une dépendance où il se sentait surprotégé. Lors d'une séance, lucide à propos de son vécu d'enfant entravé dans ses tentatives d'indépendance, il avait enfin pu verbaliser sa conception du rôle qui revient aux parents dans l'éducation de leurs enfants. Selon lui, les parents se devaient de « représenter un mur » pour l'enfant, mais, insistait-il, non pas un mur qui, s'élevant devant lui, boucherait son horizon, mais un mur situé derrière lui, et sur lequel il pourrait prendre appui si nécessaire. Un « mur de soutien » en quelque sorte, comme l'avaient été la présence des parents de l'enfant sur le bateau, et le regard de la maman sur son enfant dans l'aéroport.
Au passage, n'est-il pas symbolique que les deux exemples cités plus haut se passent dans des lieux qui invitent au voyage... celui de la vie sans doute ?

Autonomie et créativité

J'évoquerai encore une scène pour le moins réjouissante dont j'ai été le témoin privilégié. Un couple accompagne une fillette de 6 ans au musée de l'Orangerie pour lui faire découvrir les *Nymphéas* de Claude Monet. L'enfant prend d'abord son temps pour faire le tour de la salle ovale, s'approchant des toiles pour les voir de plus près à certains moments, ou s'en éloignant à d'autres pour prendre plus de champ. Sa mère, elle-même très absorbée, la perd de vue, et réalise soudain que les visiteurs présents semblent fascinés par un même point de l'exposition vers lequel tous les regards convergent. Elle dirige le sien dans la même direction et aperçoit la fillette au milieu de la salle, qui les yeux grands ouverts, et comme envahie par une émotion qui l'irradie, tourne lentement sur elle-même... Et les visiteurs de se risquer les uns après les autres, avec une jubilation manifeste, à tenter l'expérience induite par l'enfant. Ce jour-là, le spectacle de grands et petits s'essayant à jouer les derviche-tourneurs ne manquait pas de piquant... Sans doute est-ce son intuition qui, dans une sorte de « saisissement[1] », lui avait inspiré cette idée : recréer l'illusion d'être au centre de l'étang peint par Monet. N'était-ce pas là le but même du peintre ?

L'inventivité de la fillette lui avait permis d'improviser pour réactualiser à sa façon la vision de Monet lui-même. C'est l'espace de liberté aménagé par ses parents dans la proximité de leur présence qui autorisait cette enfant à poser avec audace un acte issu de sa propre création. En se laissant ainsi porter par son inspiration, elle faisait preuve d'une pensée réellement autonome. Sa vision personnelle lui

1. Anzieux Didier, *Le Corps de l'œuvre*, Gallimard, 1981.

permettait d'échapper au conformisme ambiant et d'être totalement en accord avec ses émotions, ou encore d'être spontanément « elle-même ».

Comme Joyce MacDougall l'exprime avec subtilité : « Créer, c'est afficher son existence séparée et son identité personnelle. [1] » Faire preuve d'autonomie, ce n'est pas seulement, quoi qu'en pensent certains parents, être capable de se rendre seul au musée. C'est surtout, grâce au soutien discret et sécurisant d'un adulte, être capable d'évoluer librement pour faire ses propres découvertes.

1. MacDougall Joyce, *Eros aux mille visages*, NRF, Gallimard, 1996.

Conclusion

À sa mère qui lui demande de se dépêcher de s'habiller pour ne pas les mettre en retard, une fillette de 3 ans et demi rétorque, interrogative : « Pourquoi vite et pourquoi seule ? » Question pertinente s'il en est et que sans doute de nombreux enfants sont amenés à se poser, tout en faisant de leur mieux pour s'adapter comme ils le peuvent, du fait qu'ils n'ont pas le même rapport au temps que les adultes et sont dans l'incapacité psychomotrice de « se dépêcher ». Ainsi, les exigences parentales d'efficacité et d'autonomie dans les obligations quotidiennes ne sont pas toujours évidentes ni même accessibles pour eux. Bon nombre d'enfants contestent jusque dans l'adolescence ces modèles parentaux de réussite, non sans exprimer leur attente déçue d'une présence parentale qui leur fait bien souvent défaut. Ils en gardent un sentiment de frustration qui, à des degrés divers, entretient chez eux la nostalgie de ce qui leur a manqué prématurément : la relation sécurisante à des adultes capables d'assumer vis-à-vis d'eux les responsabilités qui leur incombent.

Nous savons maintenant que tout enfant normalement constitué est dès sa naissance naturellement équipé pour devenir un être distinct capable de s'assumer progressivement selon son développement. Il en résulte que si les épreuves de séparation parents-enfants sont inévitables, elles nécessitent un aménagement salutaire : une réassurance affective que l'enfant intériorise dans les toutes premières années de sa vie. De sorte que si cet apport affectif venait un jour à lui faire défaut, il puisse combler le manque en puisant dans les réserves d'amour dont il aura fait provision jusque-là.

Ce que souhaite spontanément spontanément un enfant, c'est d'être avec ses parents dans une connivence qui lui permette d'apprendre à « faire tout seul » dans un espace commun fait de dialogue et d'expériences partagées.

La revendication implicite d'un enfant, quels que soient son âge et sa façon de l'exprimer (par l'intermédiaire de son corps ou par celui du langage), c'est de se sentir investi et cadré par des parents qui ne laissent pas totalement à d'autres le bénéfice inestimable de tisser des liens avec lui.

Il convient en effet d'éviter un malentendu d'importance entre parents et enfants : celui qui consiste à faire un amalgame entre « autonomie » et « abandon ». De fait, pour lui permettre d'accéder à une autonomie assumée de son plein gré, encore faut-il veiller à ce que l'enfant ne vive pas un abandon affectif.

C'est précisément contre ce « lâchage » que beaucoup d'entre eux ressentent comme de l'indifférence de la part des parents que les enfants s'insurgent. Nombre de parents ont en effet tendance à oublier que les mineurs ont un droit essentiel lié à leur condition d'immaturité, celui d'être protégés par les adultes. Certes, ils peuvent se débrouiller, mais ils ont besoin de ne pas être seuls.

Là où auparavant régnait le système vertical d'un modèle hiérarchique des générations, aujourd'hui, avec la confusion des rôles, l'enfant devient l'égal de ses parents et parfois même le parent de ses parents. La tendance est ainsi à un modèle relationnel horizontal qui contribue à disqualifier l'autorité parentale et son savoir-faire intuitif et historique. C'est pourquoi il est nécessaire de réinventer la place de chacun et de réintroduire de la différence dans les rôles des uns et des autres, pour permettre à tous de mieux s'y retrouver. L'enjeu est d'importance, car le risque est grand de voir de plus en plus de jeunes adultes s'installer dans une adolescence qui s'éternise et une dépendance qui présente le bénéfice appréciable de rattraper le temps d'enfance ou d'adolescence dont ils auront été amputés trop tôt.

En outre, comment ne pas être tenté de faire le lien entre leur incapacité, une fois devenus adultes, à investir une relation stable à l'autre et la séparation précoce qui, bébé, leur a été imposée d'avec leur premier objet d'amour, leur mère ? Relation affective d'un couple qui, statistiquement, une fois sur deux se termine par une rupture. Parfois même, leur premier enfant réactive chez les jeunes parents la trace de la séparation précoce qu'ils ont eux-mêmes vécue dans une société nouvelle qui voyait la libération économique des femmes. Libération légitime certes, mais qui impliquait que la société prenne en charge leurs enfants.

Pour le citer une dernière fois, c'est D. W. Winnicott qui nous met en garde contre l'intrusion du social qui dilue la responsabilité individuelle des parents envers leurs enfants : « Tout ce qui n'apporte pas un soutien spécifique à l'idée que les parents sont des personnes responsables sera à long terme dangereux pour le cœur même de la société. » Il convient donc d'insister sur un point important : la disponibilité des parents pour leurs enfants exige des aménagements de leurs conditions de travail qui leur permettent de libérer du temps avec une certaine souplesse. C'est là une revendication courante, particulièrement de la part des mères de jeunes enfants qui souhaitent pouvoir choisir librement leurs priorités sans se trouver contraintes par des contingences économiques ou par la rigidité des modes de

garde dont elles se trouvent dépendre. La stabilité de la relation instaurée entre parents et enfants relève de ces changements, qui ont d'ailleurs déjà eu lieu dans d'autres pays.
Les adultes tutélaires devraient en effet veiller à se réapproprier une complicité avec leurs enfants. Ce qui n'exclut en aucun cas de savoir poser des limites et des interdits, garants de leur sécurité et de leur équilibre psycho-affectif. Alors que le « tout permis » annihile le désir et déresponsabilise un enfant aliéné par des besoins insatiables, l'acceptation des règles sociales en vigueur stimule sa capacité à désirer et à se projeter dans ses futures responsabilités d'adulte. Une responsabilité qui s'acquiert progressivement avec l'intégration des lois existantes pour les faire siennes. Mais pour ce faire, il doit pouvoir compter sur des appuis tels que l'écoute, la tolérance et l'autorité vigilante des parents et des éducateurs responsables de son évolution.
Tout enfant est un aventurier dans l'âme qui a l'aptitude innée à explorer tout son environnement avec sa créativité propre. Armé d'une confiance suffisante en son intuition et ses désirs, l'enfant osera faire preuve d'initiative pour s'affranchir progressivement de sa dépendance aux adultes. Dès lors, le rôle essentiel de ces derniers consistera à l'encourager dans l'acquisition de la capacité à penser par lui-même, avec un libre arbitre qui lui permette d'élaborer et de mettre en œuvre ses projets de vie. Et grâce à l'inventivité de la vie présente en chaque humain, avec ce qui lui aura été transmis de son histoire, chaque enfant réactualisera à sa manière cet héritage pour le transmettre à son tour.

Bibliographie

André Jacques et Chabert Catherine, *États de détresse*, PUF, 1999.

Anzieu Didier, *Le Corps de l'œuvre*, NRF, Gallimard, 1981 ; *Une Peau pour les pensées*, APSYGÉE, 1991.

Aulagnier Piera, *Une Interprète en quête de sens*, Petite Bibliothèque Payot, 1991.

Bayle Gérard, *Paul-Claude Racamier, psychanalyste d'aujourd'hui*, PUF, 1997.

Bettelheim Bruno, *Pour être des parents acceptables*, Hachette Pluriel, 1988.

Bobin Christian, *La plus que vive*, Gallimard, 1996.

Buzyn Etty, Papa, *Maman, laissez-moi le temps de rêver*, Albin Michel, 1995.

Cyrulnick Boris, *Sous le signe du lien*, Pluriel, 1989 ; *Les Nourritures affectives*, Odile Jacob, 1993 ; *Un Merveilleux Malheur*, Odile Jacob, 1999.

Dolto Françoise, *Psychanalyse et Pédiatrie*, Points Seuil, 1971 ; *Les Étapes majeures de l'enfance*, Folio Gallimard, 1994 ; *La Cause des enfants*, Pocket, 1995 ; *L'Enfant et la Ville*, Mercure de France, 1998.

Freud Anna, *Le Normal et le Pathologique chez l'enfant*, NRF, Gallimard, 1968 ; *Le Traitement psychanalytique des enfants*, PUF, 1981.

Freud Sigmund, *Inhibition, Symptôme, Angoisse*, PUF, 1997.

Hesse Hermann, *Mon Enfance*, Mille et une nuits, 1995.

Hite Shere, *Rivales ou Amies, Le nouveau rapport Hite sur les femmes d'aujourd'hui*, Albin Michel, 1998.

Klein Melanie, *La Psychanalyse des enfants*, PUF, 1972.
Kreisler Léon, Fain Michel et Soulé Michel, *L'Enfant et son corps*, PUF, 1981.
Leclaire Serge, *On tue un enfant*, Seuil, 1975.
Liedloff Jean, *The Continuum Concept*, Addison-Wesley, 1986.
MacDougall Joyce, *Le Théâtre du corps*, NRF, Gallimard, 1989 ; *Eros aux mille visages*, NRF, Gallimard, 1996.
Mauco Georges, *Psychanalyse et Éducation*, Champs Flammarion, 1993.
Miller Alice, *L'Enfant sous terreur*, Aubier-Montaigne, 1986.
Naudin Odile, « Les Toxicos de l'autonomie », *L'École des parents*, n° 3, 1996.
Racamier Paul-Claude, *De Psychanalyse en Pédiatrie*, Payot, 1979.
Snyders Jean-Claude, *Père et Fils*, Buchet Chastel, 1993 ; *Peines d'enfance*, Buchet Chastel, 1994.
Szejer Myriam, *Des Mots pour naître*, Gallimard, 1997.
Stern Daniel, *La Constellation maternelle*, Calmann-Lévy, 1997.
Théry Irène, *Couple, Filiation et Parenté aujourd'hui*, Odile Jacob, 1998.
Tisseron Serge, *Petites Mythologies d'aujourd'hui*, Aubier, 2000.
Vasse Denis, *Le Temps du désir, Essais sur le corps et la parole*, Points Seuil, 1997.
Vanier Alain, *Éléments d'introduction à la psychanalyse*, Nathan Université, 1996.
Valadier Paul, *L'Anarchie des valeurs*, Albin Michel, 1997.
Winicott Donald Woods, *Jeu et Réalité*, NRF, Gallimard, 1977 ; *L'Enfant et le Monde extérieur*, Payot, 1957 ; *La Crainte de l'effondrement et autres situations cliniques*, NRF, Gallimard, 1993 ; *De la Pédiatrie à la Psychanalyse*, Payot, 1989.

Remerciements

Mes remerciements très chaleureux à Laurence Wrobel pour sa collaboration et l'efficacité dont elle a fait preuve tout au long de l'élaboration de ce livre. Son esprit critique s'est toujours exprimé de manière judicieuse et convaincante.
Merci à Mahaut Nobécourt pour la patience et les encouragements qu'elle a su opposer à mes moments de doute.
Enfin, comment ne pas évoquer la richesse de ce que m'ont apporté mes patients, à qui je dois l'essentiel de ma réflexion.

Table des matières

DANS LA MÊME COLLECTION

Intelligent mais peut mieux faire
Jean-Luc Aubert

Quels repères donner à nos enfants dans un monde déboussolé ?
Jean-Luc Aubert

Du berceau à l'école – Les Chemins de la réussite
Jean-Luc Aubert

Une autre école pour votre enfant – Les Pédagogies différentes
A. Baudemont/L. Alcoba

Petits tracas et gros soucis de 1 à 7 ans – Quoi dire, quoi faire
Christine Brunet/Anne-Cécile Sarfati

Une famille, ça s'invente – Les atouts des parents, les atouts des enfants
Hélène Brunschwig

Papa, Maman, laissez-moi le temps de rêver !
Etty Buzyn

La mort pour de faux et la mort pour de vrai
Dana Castro

Vos enfants ne sont pas des grandes personnes
Béatrice Copper-Royer

Adolescents à problèmes
Dr Patrick Delaroche

Doit-on céder aux adolescents ?
Dr Patrick Delaroche

Parents, osez dire non !
Dr Patrick Delaroche

Oser être mère au foyer
Marie-Pascale Delplancq-Nobécourt

Blessures d'enfance – Les dire, les comprendre, les dépasser
Nicole Fabre

La vérité sort de la bouche des enfants – Écoutons ce que nos enfants disent
Nicole Fabre

Amour, enfant, boulot... Comment sortir la tête de l'eau
Anne Gatecel/Carole Renucci

Les mères qui travaillent sont-elles coupables ?
Sylviane Giampino

Il était une fois le bon Dieu, le Père Noël et les fées – L'enfant et la croyance
Dominique Gobert

Notre enfant d'abord – Du divorce à la médiation familiale
Muriel Laroque/Marie Théault

Papa, Maman, on m'a traité de gros
Élisabeth Lesne

Le chemin de l'adoption – Le cœur et la raison
Jean-François Mattei

L'enfant unique – Atouts et pièges
Carl E. Pickhardt

Papa, Maman, j'y arriverai jamais ! – Comment l'estime de soi vient à l'enfant
Emmanuelle Rigon

Aidez-moi à trouver mes marques ! – Les repères du tout-petit
Michael Rohr

Toutes les questions que vous vous posez sur l'école maternelle
Nicole du Saussois

Nos enfants sont-ils heureux à la crèche ?
Anne Wagner/Jacqueline Tarkiel

Conception graphique : Palimpseste

Cet ouvrage, composé
par I.G.S.-Charente Photogravure
à L'Isle-d'Espagnac,
a été achevé d'imprimer sur Roto-Page
par l'Imprimerie Floch à Mayenne,
pour les Éditions Albin Michel
en octobre 2001.

N° d'édition : 20087.
N° d'impression : 52556.
Dépôt légal : novembre 2001.
Imprimé en France.